THE RESEARCH ON THE NEAREST
SPOT EMPLOYMENT OF RURAL LABORS IN CHINA

我国农村劳动力就地就近转移就业问题研究

刘 锐 / 著

图书在版编目（CIP）数据

我国农村劳动力就地就近转移就业问题研究/刘锐著．—北京：经济管理出版社，2018.7
ISBN 978-7-5096-5799-7

Ⅰ.①我… Ⅱ.①刘… Ⅲ.①农村劳动力—劳动力转移—研究—中国 Ⅳ.①F323.6

中国版本图书馆 CIP 数据核字（2018）第096859号

组稿编辑：杨雅琳
责任编辑：杨雅琳
责任印制：黄章平
责任校对：赵天宇

出版发行：经济管理出版社
（北京市海淀区北蜂窝8号中雅大厦A座11层　100038）
网　　址：www.E-mp.com.cn
电　　话：(010) 51915602
印　　刷：三河市延风印装有限公司
经　　销：新华书店
开　　本：720mm×1000mm/16
印　　张：10.5
字　　数：177千字
版　　次：2019年3月第1版　2019年3月第1次印刷
书　　号：ISBN 978-7-5096-5799-7
定　　价：48.00元

·版权所有　翻印必究·
凡购本社图书，如有印装错误，由本社读者服务部负责调换。
联系地址：北京阜外月坛北小街2号
电话：(010) 68022974　邮编：100836

前 言

随着工业化、城市化的快速发展，农村劳动力由农村向城市转移是发展中国家转型发展的重要特征。欧美等发达国家的农村劳动力转移主要建立在工业化快速发展基础之上，农村劳动力逐步向非农产业和城市转移。日本人多地少，以大城市吸纳为主，发展劳动密集型产业，同时发展适度规模农业。发达国家农村劳动力的转移进程，实现了工业化、城镇化、农业现代化同步发展。但也有一些发展中国家在农村劳动力转移的过程中，由于城市的盲目扩张，导致了城市贫民窟和城市贫困等问题。我国人口众多、资源有限，既不能照搬欧美等发达国家的经验，也要避免一些发展中国家转移中出现的问题，要因地制宜，有序推进我国农村劳动力转移。我国由于城乡二元结构的存在，以及资源、制度制约，大部分进城务工的农村劳动力不能变成新市民，而依然保留着农民的身份往返于城乡之间，或在中小城镇落户，还有部分劳动力在其家乡附近就业，形成了具有中国特色的就地就近转移模式，成为我国农村劳动力转移的有机组成。

就地就近转移是改革开放几十年来形成的农民转移就业的重要形式，与家庭经营和异地转移相互联系、相互补充，共同构成了农村劳动力的三元就业格局。农村劳动力转移就业伊始于就地就近转移。20世纪八九十年代，乡村工业快速发展，为农村劳动力转移创造了就业机会，同时也为异地转移积累了经验。随着沿海地区对外开放，出现大规模候鸟式的民工潮，由中西部涌向东部地区。由于城乡二元结构存在，土地制度和户籍制度制约，大部分进城务工的农村劳动力不能变成新市民，这就使得农民工与家乡、农业依然保持着天然的联系。近年来，随着经济调结构、转方式，东部地区产业升级，劳动密集型产业逐渐向中西部地区转移，活跃了中西部地区的县域经济，创造了更多就近转移的就业机会。特别是城乡统筹发展和新农村建设，农村环境和基础设施建设有了较大改善，县域经济吸引力不断增强，农村劳动力出于家庭等因素考虑，更愿意返回家乡就业、创业。统计显示，就地就近转移就业劳动力不断增加且增速快于异地转移。

目前，我国正处于工业化、城镇化快速发展时期，外出就业仍是现阶段农民增收的重要途径。就地就近转移作为农村劳动转移就业的一种重要形式，在增加农民收入、拓宽就业渠道方面发挥了重要作用。一方面，就地就近转移农村劳动力有效缓解了大中城市资源承载的压力，避免农民过多、过快向城市转移产生的"城市病"和城市贫困问题。另一方面，就地就近转移农村劳动力活跃了县域经济，为乡村经济发展提供人才支撑，为实施我国特色城镇化战略提供保障。本书在总结我国农村劳动力转移背景和现状的基础上，对就地就近转移的情况进行理论和实证的分析，阐述就地就近转移与异地转移的差异和联系，提出了促进农村劳动力就地就近转移的建议。本书的研究结论主要有以下几个方面：

第一，从历史的角度阐述了我国农村劳动力就地就近转移的历史必然性。清代末期到新中国成立前，农村社会出现了农村劳动力大量"兼业"，是农村劳动力就地就近转移的雏形；新中国成立后到改革开放前，严格限制了农村劳动力转移；改革开放后，农村劳动力转移进程才真正得以启动，最先由乡村附近的转移开始，并逐步向异地转移，从而形成了就地就近转移与异地转移并存的格局。

第二，归纳分析农村劳动力就地就近转移的现状及特征，并与异地转移就业劳动力特征作对比。现阶段我国农村劳动力转移就业选择更加理性，就地就近转移人口数量不断增加，就业质量不断提高，就地就近转移与异地转移之间形成了有机联系和有益补充。

第三，我国农村劳动力就地就近转移的形成具有合理性和必然性。就地就近转移较异地转移具有成本低、灵活度高、能够兼顾家庭等特点，尤其是在经济相对发达、当地能够提供充足就业机会的区域，就地就近转移优势更为明显。由于城乡二元结构，农民转型为市民的制度性障碍仍然存在。受土地制度、户籍制度、社会保障制度等因素制约以及大中城市资源承载能力的限制，大部分异地转移农村劳动力不能完全融入城市，选择就地就近转移成为一种必然。

第四，从实证的角度研究农村劳动力就地就近转移的影响因素。通过构建农村劳动力就业选择的多元 Logit 模型，测定农村劳动力个人特征、家庭特征以及环境特征等因素对农村劳动力就地就近转移的影响，并分东部、中部、西部三个区域分析就地就近转移和异地转移影响因素的差异。

第五，农村劳动力返乡就业和创业成为就地就近转移的新动力。随着城乡统筹发展、产业向中西部地区梯度转移以及农村基础设施改善和现代农业发展，农民居住地附近的就业机会增加，越来越多的劳动力选择就地就近转移。特别是"大众创业、万众创新"战略的带动下，返乡创业不断增加，进一步活跃了农村经济，并创造了更多的就业岗位，成为农村劳动力就近转移的新动力。

第六，农村劳动力就地就近转移有着积极的影响，对减轻城市压力、缩小城乡差距、活跃农村经济、推进特色城镇体系建设等起到积极的作用，但促进农村劳动力就地就近转移是一个长期的过程，依赖于产业布局调整、县域经济的发展壮大、土地流转制度的完善、劳动力技能水平的提高等多方面因素。

本书从经济学的角度对我国农村劳动力就地就近转移问题进行了有价值的理论探索和实证分析，研究结果将有助于更加深入地理解农村劳动力转移就业的本质，为进一步制定优化农村劳动力转移政策、促进农村劳动力合理有序转移提供理论依据。

目 录

第一章 导论 ………………………………………………………………… 1
    第一节 农村劳动力就地就近转移问题研究的缘起 ………………… 1
    第二节 国内外相关研究 ……………………………………………… 5
    第三节 研究的主要内容 ……………………………………………… 16
    第四节 研究方法和资料 ……………………………………………… 18
    第五节 相关概念界定 ………………………………………………… 19
    第六节 研究特色及创新说明 ………………………………………… 22

第二章 农村劳动力就地就近转移的历史演变 ………………………… 23
    第一节 历史上的农村劳动力流动与就地就近转移 ………………… 24
    第二节 历史的总结和思考 …………………………………………… 51

第三章 农村劳动力就地就近转移的现实考察 ………………………… 55
    第一节 农村劳动力转移就业的政策背景 …………………………… 56
    第二节 农村劳动力就地就近转移的现状及特征 …………………… 59
    第三节 农村劳动力就地就近转移的区域差异 ……………………… 72
    第四节 对农村劳动力就地就近转移现状的评述 …………………… 76

第四章 农村劳动力就地就近转移基于托达罗模型的宏观分析 …… 78
    第一节 托达罗模型的基本思想 ……………………………………… 78

第二节 改进后的托达罗模型与中国农村劳动力就地就近转移 …… 84

第三节 相关结论与政策含义 …… 97

第五章 农村劳动力就地就近转移的影响因素分析 …… 99

第一节 农村劳动力就业选择的理论基础 …… 99

第二节 影响因素分析 …… 103

第三节 农村劳动力就业选择模型的构建及估计 …… 107

第四节 就地就近转移和异地转移的区域差异分析 …… 116

第五节 研究结论 …… 118

第六章 农村劳动力就地就近转移新动力——农民工返乡就业创业 …… 121

第一节 农民工返乡就业创业的背景 …… 121

第二节 农民工返乡就业创业情况 …… 123

第三节 农民工返乡就业创业的原因分析 …… 125

第四节 存在的问题 …… 128

第五节 推进农民工返乡就业创业的建议 …… 129

第六节 四川省支持农民工返乡就业创业的做法和经验 …… 130

第七节 对农村劳动力返乡就业创业的评述 …… 137

第七章 农村劳动力就地就近转移的贡献和制约因素 …… 139

第一节 农村劳动力就地就近转移的贡献 …… 139

第二节 农村劳动力就地就近转移的制约因素 …… 143

第八章 研究结论和政策建议 …… 146

第一节 研究主要结论 …… 146

第二节 政策含义 …… 148

第三节 有待进一步完善的内容 …… 150

参考文献 …… 151

附录 主要数据表格 …… 157

后 记 …… 159

第一章 导论

第一节 农村劳动力就地就近转移问题研究的缘起

无论从短期看还是从长期看,农村劳动力转移就业都是一个非常值得研究的课题。短期而言,就业是民生之本,特别是在有六亿多农民的中国,就业问题如果解决得好就会成为经济社会发展的强大动力,若解决不好,沉重的人口包袱将会直接威胁国家的长期稳定,历史上,农民失业引发社会动荡的事例比比皆是。在商品社会中,就业是人们参与社会分工和财富分配最直接的手段,失业几乎等同于贫困。今天,不论在城市还是在农村,每一个人都在努力寻找一份体面而又稳定的工作,工作是人生价值得以展现的舞台,同时对许多中国农民来说,就业和劳动则更加根本地塑造着农民。农业既是农民谋生的手段,又是他们改造自身、改造中国社会的有效途径。农民就业始终是一个必须认真对待的问题。

从国外经验看,农村劳动力向城市和非农产业转移是发展中国家经济增长和农业转型过程中最重要的特征之一。刘易斯(1954)曾用二元理论描述了这一过程:在具有二元经济结构特征的经济社会系统中,传统农业部门存在着大量收入水平低、边际劳动产出为零的劳动力,可以为工业的发展提供无限劳动力供给,随着工业化和城市化的推进,农村劳动力相应地向非农部门转移,一直持续到农业剩余劳动力全部被非农部门吸纳为止。在农村剩余劳动力向非农部门转移的过程中，农业部门逐步摆脱大量剩余劳动力的负担得以脱贫，并开始真正的增长发展，此时，二元经济结构开始转化为一元的现代经济。由二元经济向一元现代经济的转变是一个漫长而艰巨的发展过程，英、美等发达国家经历了长达一个多世纪的时间完成了农村劳动力转移进程，日本也经历了近一个世纪才完成了这一转变。尽管托达罗（1969）基于南美国家现代化受挫的历史经验，深刻地批判了二元理论的局限和弊端，并创建了著名的托达罗人口迁移模型，但在他那里对农村劳动力转移历史趋势的判断仍然得以继承。

从国内看，我国农村人口众多，正处在工业化、城市化进程中，所处的国际环境与西方国家相比截然不同，相比之下我国农村劳动力转移历程将更加艰巨。我国农村劳动力转移起步较晚，新中国成立后才真正逐渐启动农村劳动力转移的历史进程（陈吉元，1991）。改革开放前，我国仿效苏联实施了优先发展重工业的发展战略，政府采取了一系列扭曲产品和要素价格的办法来压低重工业发展的成本（林毅夫、蔡昉、李周，1999），对农产品的收购和分配实行统购统销政策，同时实施了严格的户籍管理制度将城乡人口隔离。农民以人民公社的形式组织起来，劳动生产率低，且农村劳动力就业限制在农业和农村，除参与农业生产和社队工业外，几乎没有其他的非农就业机会。这些制度上的安排，长期以来严重阻碍了农村劳动力的健康流动，把农民束缚在农业和农村，形成了中国特有的城乡二元经济社会结构。但这样的限制同时也为改革后农村劳动力的大迁移集聚了巨大的势能。在随后的二十几年里，中国的经济社会情况发生了翻天覆地的变化，农村劳动力转移取得了突破性的进展，成为社会经济改革中最引人注目的现象之一。改革开放后，农村家庭联产承包责任制的确立极大地促进了农业劳动生产率的提高，解放了大量农村劳动力。随着计划经济体制改革，城市非正规部门和各类非公有制企业发展起来，为农村劳动力转移就业提供了巨大的空间。农村劳动力摆脱了对土地的束缚，获得了自由择业的能力。在这样的历史变迁中，农村劳动力逐渐实现了由农业向非农业、由以本地乡镇企业就业为主到大规模跨区域转移就业的历史演变，农村劳动力外出就业开始步入了一个崭新的局面。

2015年外出就业劳动力达2.74亿人，占农村人口的44.26%。农村劳动力转移释放了巨大的人口红利，为经济发展做出了重要贡献。有研究资料表明，1978~2015年劳动力转移对经济增长的贡献率为16.3%（郝大明，2016）。在取得成绩的同时，农村劳动力在转移过程中也逐步暴露出了一些矛盾和问题。中国社会长期以来一直是典型的农业社会,农民占人口的绝大多数,人多资源少的国情使得在整个农村劳动力转移的过程中,城市部门无法完全容纳全部的农业剩余劳动力转移,因而就形成了多元化的就业格局,以及农村劳动力转移"离土不离乡"的特征。一方面,大量的农村劳动力涌向城市,给城市带来了人口、就业以及社会公共服务的巨大压力,农民工在城市难以享受到与城市居民同等的医疗、住房、子女教育等社会保障。另一方面,伴随着青壮年农村劳动力外出,新农村建设缺乏新的活力,农村经济发展人才匮乏,农业生产面临挑战,农村地区出现了留守儿童、留守老人等社会问题。2008年后,受国际金融危机影响,国内经济增速放缓,农村劳动力转移出现新动向,部分农民工返回家乡就业或创业。县域经济作为大城市就业缓冲,成为吸纳农村劳动力就业的又一重要途径。特别是,近年来随着产业由沿海地区向中西部梯度转移,带动内地县域经济和小城镇发展,使得农民有更多的机会选择就地就近转移就业。

崔传义在2007年提出,就地就近转移是农村劳动力转移的有机组成,与家庭农业生产及经营和异地转移就业两种形式相互结合,共同构成了农村劳动力三元就业格局。农村劳动力就地就近转移是具有鲜明中国特色的农村劳动力转移方式,具有不可替代性,与家庭农业生产及经营和异地转移均有着密切的联系,农村劳动力本地非农就业是从事农业生产和异地转移就业的中间地带。一方面,可以兼顾家庭农业生产及经营,可以拓宽增收渠道,为异地转移积累能力和经验;另一方面,作为大城市的缓冲,破解大城市落户难、城市病等难题。因此,对我国农村劳动力就地就近转移问题展开深入研究具有很重要的现实意义,具体体现在以下几个方面。

第一,有利于减轻城市的压力,降低转移成本,实现农村劳动力有序转移。目前,我国农村劳动力外出就业总体上处于无序状态,第一代农民工盲目追随外出打工大潮涌向城市,第二代农民工则受大城市的吸引也愿意留在大中城市就业。农村劳动力对城市充足的劳动力供给社会经济带来了深刻变化,但同时也引发了新的问题:城市显性失业增加,就业稳定性差;转移成本高,社会公共服务压力增大;制度约束多,农民工无法享受城市居民同等待遇,农民工的基本权益难以保障等。农村劳动力就地就近转移在一定程度上缓解了这种压力,特别是近年来农村环境的改善更有利于农民在本地和异地就业之间理性选择,避免转移过快、过多造成的"城市病",有效降低转移成本,实现农村劳动力的有序流动。

第二，有利于拓宽农村劳动力就业渠道。2008年国际金融危机后，我国经济发展进入新常态，转方式、调结构是经济发展的主旋律。部分企业面临转产、转移或转型升级，农民工外出就业的风险加大。从目前的情况看，单靠城市发展来吸纳农村剩余劳动力的空间是有限的，农民在城市就业的环境和质量也难以保障，那么农村劳动力在当地就业自然成为了不可或缺的补充，县域经济的发展可以为农民提供大量的就业机会和发展机会，给农民增收带来直接的好处。

第三，有利于壮大县域经济，统筹城乡经济社会发展。县是连接城市和乡村的纽带，是发展小城镇的基础，县域经济以其特殊的地位和价值，开始受到广泛的重视和关注。农村劳动力盲目无序地向发达地区和城市转移，在给城市发展带来巨大问题的同时，反过来也会阻碍县域和农村经济的发展壮大。只有在继续鼓励农村劳动力异地就业的同时积极支持本地就业，形成异地和本地间劳动力的健康有序流动，从而使更多的农村劳动力留下来发挥才智建设家乡，促进县域经济的繁荣兴盛，才能从根本上缩小城乡区域间的巨大差距。农村劳动力就地就近转移为县域经济发展提供了广泛的人力资源，促进了资金、技术的聚集，能够有效推动当地特色产业的发展，为小城镇建设创造有利条件。

第四，有利于新农村建设，促进农村各项事业发展。大规模的农村劳动力转移后，农村剩下的大多是所谓的"老幼病残"，农业、农村的发展不得不面临劳动力不足的现实矛盾，农村劳动力就地就近转移可以解决这个问题。在县内就业，农民基本上可以做到"离土不离乡"，他们可以兼顾农业生产和照顾家庭生活。还有些返乡农民在与农业相关的领域创业、就业，推动了现代农业的发展。此外，农民在本地发展还带动农村社会事业发展，拉动了农村消费，活跃了农村经济。就地就近转移对于促进农村经济社会发展、增加农民收入、保障粮食安全的积极意义将会更加突出。

综上所述，农村劳动力就地就近转移问题具有丰富的研究内容以及较高的研究价值。本书试图通过对于农村劳动力就地就近转移的历史、现实及未来预期展开深入分析，以期更加深入地理解中国农村劳动力转移的本质，并针对现实得出促进农村劳动力有序流动的相关结论和建议，为促进社会和谐和新农村建设服务。

第二节 国内外相关研究

农村劳动力转移就业是社会经济发展中的一个重要问题，也是发展中国家尤为突出的一个问题。在由农业化向工业化转变的过程中，农村劳动力就业的变化是世界各国都曾经或必将面对的课题。中国正处于农业化向工业化过渡的转型时期，城乡收入差距较大且农村存在大量的剩余劳动力，解决好农村劳动力非农就业问题在我国显得更加急迫和重要。随着社会的变迁，农村劳动力就业的变化最根本的是工业化所带来的影响，工业化、城市化的发展为大量的农村剩余劳动力提供了就业机会，使得农村劳动力非农就业呈现出多元化的特点，而就业行为又是由农户家庭对劳动力配置行为决定的。因此农村劳动力非农就业选择问题的研究与农村劳动力转移及农户家庭劳动分配问题是密不可分的。关于研究劳动力转移等方面的理论和方法可以借鉴来研究农村劳动力本地非农就业问题。关于劳动力转移问题有许多研究，最著名的有刘易斯二元经济模型、托达罗人口流动模型、贝克尔劳动时间分配模型和农户家庭模型等，他们分别从宏观、微观的层面对农村劳动力转移的动机、影响因素及带来的影响进行了细致的研究。同时也有众多的国内外学者对中国农村劳动力转移就业问题进行了实证研究。下面对这些理论和实证研究做一梳理，从而提出可进一步研究的空间。

一、关于劳动力转移理论的研究

农村劳动力转移是发展经济学理论体系的重要组成部分，是发展经济学中重要的研究内容。农村劳动力转移对于农户家庭和宏观经济社会都产生巨大的影响，20世纪50年代开始，一些国外经济学家就开始研究这一问题。国外学者对这一问题研究得较多也比较深入，在此本书将从宏观和微观两个层面对农户家庭劳动力转移的动因及影响因素进行回顾。

1. 宏观层面的劳动力转移理论研究

国外研究劳动力转移的众多理论中，比较著名的有刘易斯二元经济理论、拉尼斯—费景汉模式、托达罗人口流动模型、舒尔茨人力资本投资模型等。

美国经济学家刘易斯（1954）提出了一个著名的对发展经济学影响深远的二元经济模型。他认为社会由两类不同性质的部门构成，即传统农业部门和现代工业部门。在传统农业部门中存在大量的边际生产率近于零的农业剩余劳动力，而现代工业部门是现代化的生产方式，不存在失业。只要工业部门在高于农业部门能维持生计的固定工资水平下，就可以得到农业部门无限的劳动力供给。随着工业部门的发展，农业部门的剩余劳动力持续不断地向工业部门转移，直至所有剩余劳动力都被工业部门吸收完毕，两部门的劳动生产率相等，工业化进程也随之完成。尽管当前发展中国家的状况与发达国家所经历的历程不尽相同，但劳动力由农业向工业转移是经济发展的必然趋势。从这个意义上说，刘易斯的理论是符合大多数发展中国家的情况的。

然而刘易斯的理论也有不尽完善之处。例如，一些发展经济学家对农业部门劳动力无限供给的假设产生怀疑，工业部门不存在失业与现实也不符。同时，刘易斯模型也忽略了农业的发展。随后费景汉和拉尼斯、乔根森和托达罗等对刘易斯的理论进行了修正和进一步的发展。费景汉和拉尼斯（1961）强调了提高农业劳动生产率的重要性，农业对工业的扩张作用不仅是提供劳动力，还提供农业剩余。其核心思想是农业部门劳动生产率的提高是劳动力转移的先决条件。乔根森（1961）的核心思想与费—拉模型很相似，不同的是修改了农业部门劳动生产率为零的假设，只有当农业剩余大于零时，才有可能形成农村剩余劳动力。农业剩余的规模决定着工业部门的发展和农村剩余劳动力转移规模。但乔根森、费景汉和拉尼斯同样也忽略了工业部门的失业。

随后托达罗（1969）提出的托达罗人口流动模型为发展中国家劳动力转移提供了一个新的理论解释。他从城乡预期收入差异角度来解释劳动力转移行为。他认为，城乡间预期收入水平的差异，是劳动力由农村转向城市的根本经济原因。所谓预期收入是实际收入水平与就业概率的乘积。城乡收入的差距越大，劳动力转移倾向就越强烈。

舒尔茨则从人力资本投资角度来解释劳动力迁移行为，他认为，劳动力迁移也是一种人力资本投资，由于人力资本投资需要成本，因此只有劳动力迁移的预期收益大于成本时，才会发生迁移。

库兹涅茨把农业劳动力转移过程与经济成长过程联系起来，认为劳动力转移为经济增长的后果，经济增长为劳动力在产业间或地区间的转移提供了机会。同时，他强调了人口因素对劳动力转移行为的重要影响，认为由于性别、年龄、家庭情况、教育、健康以及其他人口特征的不同，劳动力转移具有选择。

以上理论分别从不同角度分析了劳动力转移的原因，归纳起来包括两类：一类是"推力"因素，一类是"拉力"因素。劳动力由农村向城市转移受农村内部推力和来自城市拉力两种力量同时作用的影响。这些理论分析为人们理解农村劳动力转移提供了重要的理论工具。这些理论都是从相对宏观的角度来研究劳动力转移现象，并不能揭示微观行为主体在劳动力非农就业的选择或家庭劳动配置的决策机制。

2. 微观层面的劳动力转移理论研究

微观层面的劳动力转移理论是从劳动力个人或家庭的角度对转移动机和转移决策进行微观分析的理论。由于劳动力转移行为决策的基础是农户，20世纪60年代以来，从微观主体理性行为角度研究农户家庭劳动配置成为一种新的潮流。

家庭劳动配置是农户家庭经济决策的重要内容。苏联经济学家恰亚诺夫（1923）最早提出了"劳动—消费"的均衡公式，建立了农户经济分析模型，奠定了农户模型的经济理论基础。恰亚诺夫模型的微观经济分析的核心是家庭效用最大化理论。为满足家庭消费需求，需要投入劳动增加农业产出和收入，而农业生产是辛苦和乏味的，农业劳动又具有负面效应，所以，在恰亚诺夫模型中，增加收入和逃避劳动是两个相互对立的目标，农户的行为决策需要对这两个方面进行权衡，农户行为决策的目标是实现家庭效用最大化，由此确定了农户家庭劳动力配置。恰亚诺夫模型的局限性在于，只假设存在农产品市场，不存在劳动力市场，家庭劳动力配置由家庭的主观偏好决定，那么就不能描述家庭雇用劳动力或家庭中劳动力外出就业的情况，这与实际情况有一定偏差，于是，随后的研究弥补了恰亚诺夫农户模型的不足，引入了劳动力市场。

贝克尔（1965）基提出了家庭时间分配理论。他认为农户家庭既是一个消费单位也是一个生产单位，农户家庭是一个追求效用最大化的主体。农户家庭效用由商品的消费和闲暇中获得。他将农户家庭时间划分为农业劳动时间、非农劳动时间和闲暇三个部分。农户家庭时间配置就是基于收入预算和劳动时间约束下家庭效用最大化条件时对时间的分配，此时，农业劳动的边际净收入与非农业劳动的边际净收入相等。研究农户生产与消费的家庭理论模型后来成为"农户家庭模型"（AHM），对农户家庭的经济行为做了更细致的研究。从问题发生的内在逻辑看，农户家庭效用最大化决定了家庭的决策，而家庭的决策决定了劳动力时间配置，从而决定了农村劳动力就业选择，因而农户模型理论能够更好地解释农村劳动力转移现象。

此外，舒尔茨也对农户的经济行为做了研究。针对传统的农民为非理性的观点，美国经济学家西奥多·舒尔茨把传统农业部门的农民看作理性的。舒尔茨（1964）认为，在一个竞争的市场机制中，农户经济运行与资本主义经济运行并没有多少差别，传统农业可能是贫乏的，但总是有效率的，这就是所谓"贫穷而有效率"的著名命题。农户经营目标是利润的最大化，对价格反应灵活，其生产要素的配置行为也符合帕累托最优原则。

二、有关我国劳动力转移问题的研究

自从 1978 年经济改革以来，中国农村劳动力大规模的转移成为了一个非常重要的社会现象，引起了国内外众多经济学家的广泛关注。关于这一问题的研究主要集中于以下几个方面：农村劳动力转移规模、劳动力转移特征、劳动力转移的动因和影响因素以及社会经济影响等。

1. 对农村劳动力转移规模和剩余规模的估计

农村劳动力转移规模和剩余规模是分析农村劳动力转移的基础。2014 年国家统计局发布的农民工监测调查报告显示，全国农民工总量为 2.73 亿人，相比较 2004 年农村劳动力外出就业人口 1.02 亿（农业部政策与法规司，2005），增加了 1.7 倍。除政府部门统计公布农民工规模外，学者们还对农村劳动力的剩余数量进行了估测。托马斯·罗斯基和罗伯特·米德（1997）运用有关各种农业活动的成本和产量统计资料来估算相应的农业劳动力需求量。钟甫宁等（2004）从农产品需求的角度出发，探讨了建立城乡统一的劳动力市场以后可能需要的农民，进而估算出需要转移的农村劳动力数量大致为 1.898 亿人。刘纯彬（2004）分别从农业生产和城市发展的角度估算了农村剩余劳动力的数量，结果表明，2003 年我国农村剩余劳动力数量为 1.7 亿~2.1 亿人。2010 年前后，我国沿海地区频繁出现民工荒问题，劳动力工资水平不断上涨，农村劳动力转移面临着刘易斯转折点。蔡昉（2010）基于二元经济理论，论证和检验了人口红利逐渐消失和刘易斯转折点的到来。童玉芬等（2011）通过统计数据和人口预测模型，定量分析了未来 20 年内我国农村劳动力非农化转移的总潜力和剩余潜力，研究结果表明，我国农村劳动力剩余规模将从现在的3.1亿~3.5亿人减少至2030年的1亿~2.5亿人，未来5~10年农村可供转移的非农化劳动力潜力将消耗殆尽，我国劳动力转移规模将会停止增长甚至减少。

2. 对劳动力转移特征的描述

对劳动力转移特征描述分析的研究很多，主要从年龄、性别结构、文化程度、就业行业等方面进行描述分析。

外出劳动力以青壮年为主。基于1994年四川和安徽两个省份的数据，外出劳动力多为35岁以下的青壮年，四川省外出就业劳动力的平均年龄为26.9，比非外出劳动力小7.6岁，安徽省的这两个数据分别为27.4岁和4.9岁。根据2000年的人口普查，外出就业的劳动力中15~19岁的占24.6%，20~24岁和25~29岁的比例分别为23.2%和20.1%（王德文、吴要武等，2003）。农业部课题组的研究表明，2004年外出劳动力的平均年龄为30.1岁，比农村劳动力平均年龄低6.8岁（2005）。近年来，外出劳动力平均年龄不断升高。国家统计局农民工监测报告显示，2014年农民工平均年龄为38.3岁，比2010年增加了2.8岁，其中，40岁以下农民工比例从65.9%下降至56.5%（2014）。

外出劳动力中男性比例大于女性。根据1990年的人口普查，外出劳动力男性的比例为55%（蔡昉，1996）。Huang和Pieke（2003）发现农村外出劳动中女性只占到1/3。杜鹰（1997）也有类似的发现，但他同时发现，在18岁以下的农村外出劳动力中，女性的比例高。刘晓昀等（2003）对农村劳动力非农就业性别差异的研究也证实了这一点，研究结果表明女性农村劳动力外出就业的可能性要比男性低24%。2014年农村外出就业劳动力，六成以上是男性（国家统计局，2014）。

外出劳动力的文化程度明显高于非外出劳动力。杜鹰（1997）估算出四川省和安徽省外出就业的劳动力中文盲和半文盲的比例比非外出劳动力低8.4%和4.8%，大部分外出务工的劳动力念过初中或小学。2000年人口普查的资料表明，外出就业的劳动力中小学、初中和高中文化的比例分别为16.7%、48.5%和14.2%（王德文、吴要武等，2003）。农民工平均受教育程度和接受技能培训的比例不断提高，2014年高中及以上文化程度的农民工占23.8%，初中文化水平的占60.6%；接受过技能培训的农民工占34.8%（国家统计局，2014）。

外出劳动力通常在非正规部门就业，他们很难在城市的正规部门找到工作。

在杜鹰（1997）的研究中，农村劳动力外出就业的前三个行业为建筑业、工业和服务业。根据蔡昉（1996）的研究，外出务工劳动力中36%在制造业和服务行业工作，20%在建筑业工作。但在 Hare（1999）的资料中，70%的农村外出劳动力从事建筑业。中国特有的户籍制度使农民很难在正规部门找到工作，大部分外出务工劳动力从事了当地人不愿意干的苦、脏、累、险的工作（宋洪远、黄华波等，2002）。

3. 劳动力转移的流向

劳动力转移的流向也是关系农村劳动力转移就业的重要问题。2004年，我国农村劳动力转移规模达1.08亿人，其中县内就业的占24.8%，在县外省内就业的占33.3%，跨省就业的占41.9%（农业部固定观察点，2005）。2014年，我国外出就业农村劳动力中，跨省流动占46.8%，省内占53.2%，其中，中部地区跨省流动人口占比最高，为62.8%，其次是西部地区，西部跨省流动劳动力占53.9%。人口稠密的内陆省份如四川、安徽、湖南、湖北、江西、河南等省，跨省就业是农村劳动力转移的主要方式，并且大多数劳动力到经济较发达的东部沿海地区如广东、浙江、上海、北京等地（孙晓明、刘晓昀等，2005）。四川劳动力集中流向广东（50.4%）、福建（6.5%）和北京，而安徽劳动力集中流向江、浙、沪（分别占31%、10.3%和10.3%）一带，以及广东（15.9%）和北京（11.1%）（杜鹰，2000）。近年来，随着沿海地区劳动密集型产业逐渐向中西部地区转移（曲玥等，2013），农民工向中西部等欠发达地区回流或转移的规模日益扩大（李琴、朱农，2014）。未来农村劳动力向内地流动的数量将会超过向东部沿海地区流动的数量（蔡昉等，2009）。

4. 劳动力转移的动因和影响因素

对劳动力转移的动因和影响因素的研究，多集中于用现成的劳动力转移理论对中国的现实情况进行印证，并对理论进行补充和完善。劳动力转移的基本动因常被归纳为"推力"因素和"拉力"因素，推力因素主要是农村过剩劳动力，而拉力因素常被认为是城乡和地区之间巨大的收入差距。此外，农户家庭特征及劳动力个体特征对劳动力转移决策起到了重要的作用，大多数研究是从农村劳动力个体的角度，也有从农户家庭决策的角度研究了劳动力转移问题。他们的研究结果表明，中国的劳动力转移既受宏观经济和制度因素的影响，又和转移者的个人特征与社会文化相关。

杜鹰等（1997）对我国农村劳动力转移的实证研究结果表明，农业资源缺乏是农村劳动力转移的一个主要因素。赵耀辉（1999）利用1995年四川省抽样调查数据，运用Logit模型对中国农村劳动力转移的影响因素进行研究，发现耕地面积不足和家庭劳动力过剩是影响劳动力转移的重要因素。朱农（2002）研究发现，收入差距是对劳动力转移最重要的正向因素。程名望等（2006）通过宏观经济变量的Logit模型和微观经济的分析，发现城镇的拉力特别是城镇工业技术进步率，是农村劳动力转移的根本动因。此外，户籍制度（Kam、Zhang，1999）、劳动力市场（蔡昉，2001）、FDI投资（朱金生，2005）、产业结构（范剑军，2004）等宏观经济和制度因素也受到了学者的关注。

除此之外，个体特征和家庭特征都是经济学家所关注的因素。他们在研究中主要考察了年龄、性别、教育程度、家庭规模、耕地面积、拥有资产的情况等因素对劳动力转移的影响。他们在研究中采用计量经济学方法，如二元选择模型和多元选择模型等。一般的研究文献认为年龄对劳动力转移决策具有负向影响，赵耀辉（1997）的研究证实了这一点。朱农（2002）研究发现，年龄与迁移概率的关系呈倒"U"型。Hare（1999）发现16~25岁和26~35岁两个年龄段的人最有可能外出就业；性别是决定劳动力转移决策的重要变量之一。男性比女性更倾向于外出就业，男性可增加30%的外出就业概率（Hare，1999），而女性减少7%的概率（赵耀辉，1997a）。同时赵耀辉（1999）的研究发现，女性劳动力转移的概率要比男性低55.3%。张林秀（2000）、刘晓昀等（2003）也有相似的结论；劳动者的教育程度对其转移决策影响也是经济学家关注的重点。赵耀辉（1999）研究发现，教育对劳动力从农业工作转向非农工作有显著的正向影响。但很多教育程度较高的农村居民更喜欢从事本地非农业工作（赵耀辉，1997a）。朱农（2002）发现，教育仅对男性有影响，对女性没有影响。de Brauw等（2002）的研究结果表明，劳动力人力资本状况是影响农村劳动力非农就业及其模式选择的决定因素；赵耀辉（1997a）、朱农（2002）的研究表明，耕地面积对于劳动力转移有显著的影响，劳动力外出就业的概率随土地面积的增加而减少，人均增加一亩地可以减少4.4%的外出就业概率（赵耀辉，1999）。李菁和姚洋（2002）专门研究了我国土地分配制度对劳动力转移的影响，结果表明，现有土地制度造成的土地平均分配会鼓励劳动力转移。张务伟等（2011）从影响农村劳动力就业状况的因素之间的关系分析，人力资本影响最大，其次是个人因素，最后是家庭因素。

农户是农村劳动力转移决策的基础，在农户角度研究农村劳动力配置可以更好地理解劳动力转移问题。王秀清等（1992）在建立农户家庭劳动力配置模式的基础上，分析了工业化的出现及发展程度对农户家庭劳动力配置的影响。都阳（2001）对我国贫困地区农户劳动配置所做的研究表明，农户家庭劳动供给的多样化不仅是为了实现劳动力资源的最优利用，还为了分散收入风险。通常情况下，贫困家庭为了应对收入波动风险应更多地采取劳动力配置的多样化。刘秀梅等（2004）通过内蒙古中南部农业区农户样本数据，验证了农户家庭时间配置的理性假说。赵慧卿等（2006）通过农户劳动时间分配决策过程，研究了劳动力转移的影响因素。

5. 农村劳动力转移的经济社会效应

改革开放后，农村劳动力转移是最受关注的现象之一。大量的农村劳动力转移，不仅会促进农民收入提高，为农业发展和农民消费提供资金，促进耕地资源合理配置，还会较大幅度地降低第二、第三产业的生产成本，创造就业机会，促进GDP增长，加速城市化进程（武国定等，2006）。因而，劳动力转移的经济社会效应也是学者关注的热点。

张保法（1997）证明了由劳动力转移引起的劳动力结构变动是中国全要素生产率（TFP）增长的一个组成部分。胡永泰（1998）、潘文卿（1999）、蔡昉（2005）、李勋来（2005）、郝大明（2016）等用不同的方法、选取不同时期的数据测算了我国劳动力转移对经济增长的贡献。其中，李勋来和李国平（2005）的研究结果表明，1978~2003年中GDP增长有17.87%来源于农村劳动力转移的贡献；Cai和Wang（2005）估算了1982~2000年人口红利对人均GDP增长率的贡献为26.8%；郝大明（2015）测算了1978~2015年劳动力转移对经济增长的贡献为16.3%。徐先祥（2001）实证分析了劳动力在三次产业之间和各省之间的变动对我国经济增长的贡献，比较全面地考察了我国的劳动力结构。李实（1999）通过对农村劳动力流动的收入分配效应的实证分析，认为农村劳动力转移不但可以提高外出就业农户家庭收入水平，而且会抑制农村居民收入差距的扩大，对缓解城乡居民收入差距的扩大发挥积极的作用。贾伟和辛贤（2010）运用CGE模型研究了农村劳动力转移对国民经济增长的贡献，农村劳动力转移在增加GDP的同时，拉大了各产业增加值间的差距。

此外，农村劳动力转移对农村经济的发展也起到了重要的作用。Rozelle 等（1999）、白南生等（2002）、都阳和 Park（2003）等对农村劳动力外出就业后的汇款行为做了研究。1999 年，外出 3 个月以上的农村劳动力，平均每月给家里带回现金 298 元（白南生等，2002）。由于中国广大农村地区缺乏完善的信贷制度，外出就业劳动力带回来的收入对于农村家庭的投资发挥了很大的作用。赵耀辉（2002）、de Brauw 和 Rozelle（2005）的研究证明了这一点。此外，劳动力转移也对农业生产产生了较大的影响。杜鹰等（1997）利用安徽和四川的调查资料，通过对外出就业农户与非外出就业农户的比较，证明了农村劳动力外出就业并不必然导致农业生产的下降或提高，但会对家庭畜牧业有比较明显的负面影响。但 Rozelle 等（1999）的研究却持不同的观点，劳动力转移对家庭农业生产的影响是双重的：一方面劳动力转移对农作物产出的直接影响是负的，另一方面劳动力外出务工又增加了家庭的收入。

6. 有关中国农村劳动力就地就近转移问题的研究

农村劳动力就地就近转移是农村劳动力由农业向非农产业转移过程中呈现出的一个突出特点，特别是在农村劳动力转移进程启动的初期，就地就近转移是农村劳动力转移就业的主要形式，曾经在改革开放前后乃至现在都对拓宽农民就业渠道、增加农民收入等方面起到了重要作用。近些年来，随着现代化进程的推进，农村劳动力就业趋于多元化，但农村劳动力就地就近转移依然是农村劳动力转移就业的重要支撑，国内外学者对于农村劳动力就地就近转移给予了许多关注，主要集中在意义、作用和影响因素等方面的分析和阐述。

从我国农村劳动力的转移进程看，农村劳动力就地就近转移是其中重要的环节。改革开放以来，劳动力转移速度得到很大程度的提高，然而从农业转出的人口显著大于转移出农村的人口（Johnson，2002），很明显部分农村劳动力在当地从事了非农产业就业。改革开放后，农村劳动力转移出现了两个高潮：一个是1979～1997 年，以乡镇企业发展为主渠道的转移，即农村劳动力本地非农就业的增加；再一个是 1998 年以后，我国农产品丰年有余，多数农产品由短缺进入相对过剩，有效需求严重不足，国家实施了积极的财政政策，我国的农村劳动力转移逐步由以乡镇企业为主渠道的就地就近转移向跨区域转移过渡，并逐渐形成了多渠道转移格局（张忠法、崔传义，2000）。

对于改革开放初期大量农村劳动力在本地从事非农就业的情况，陈吉元

(1991) 对其成因及局限性进行了研究。他认为,农村劳动力就地就近转移是相对于向城市转移而言的另一种劳动力转移方式,在中国历史上早已存在,一类是自给性生产,"男耕女织"就是真实写照,另一类是商品性质的生产,即生产的目的是出售,以营利为目的。以上这两种情况也仅是农村劳动力就地就近转移的雏形。农村劳动力之所以选择就地就近转移,除中国人口压力大,城市容量有限,农村劳动者素质不高受到城市排斥的原因外,还有深层次的原因。第一,科学技术进步是农村劳动力就地就近转移的先决条件,科技进步使得一些新部门从农业中分离出来,如肥料工业、农业机械工业、农药工业、饲料工业等,这些为农业生产服务的工业为农村剩余劳动力提供了就业机会;第二,农业现代化需要农业机械化和农业生产社会化,在这一过程中,农业劳动生产率大幅度提高,节约了大量的劳动力,同时,农业现代化的发展又为农业剩余劳动力提供了新的就业岗位,如农机制造业、农机销售服务业、为农业服务的农产品加工业、饮食业、服务业、商业等;第三,在工业化过程中,农村工业逐渐兴起,由于农村工业规模小、灵活、分散,因而也具有大型国企不能比拟的优点,所以,农村工业的兴起为农村劳动力提供了大量的就业机会;第四,由于我国农村实施了家庭联产承包责任制,人口的增长使得人均耕地占有量减少,农业生产只能谋生不能致富,而这样的土地分配制度又成为了农民转移就业的基本保障,因此,农民更多采用"兼业"的方式在非农产业就业。

Johnson(2002)通过对我国农村劳动力转移情况的分析,对解决我国农村劳动力剩余问题提出了设想,认为可以通过在县域范围内创造更多的就业机会促进农村劳动力就业。这主要是因为,一方面,由于人口迁移等政策限制,城市不可能提供足够多的就业岗位以满足农村剩余劳动力的需求,另一方面,近些年来乡村工业很少提供更多的新工作机会,所以为了在农村创造出更多的就业机会,他认为鼓励在县域范围或小城镇的企业发展,以促进农村劳动力就地就近转移,同时,农村劳动力在本地非农就业还可以节省异地转移的巨额成本。

从现实看,李建勋(2006)认为农村劳动力就地就近转移,是增加农民收入、发展农村经济、推进社会主义新农村建设的必然要求。在完善农村剩余劳动力外出务工的同时,要合理有序地促进农村劳动力就近转移。农村劳动力就近转移不仅能够保障农村建设的人力资源需求,还能够推动主导产业的发展和农村社会事业的进步。为促进农村劳动力就地就近转移,可以通过发展县域经济(张敬民，2006）和扩张小城镇就业容量（熊桉，2005）等措施为农村劳动力在本地从事非农就业提供良好的环境。

除以上的定性分析外，朱农（2005）对农村劳动力就业选择进行了实证分析。他通过建立本地非农活动和外出打工的双变量 Probit 模型，考察了家庭劳动力数量、家庭成员平均受教育程度、家庭耕地面积、家庭负担情况及家庭所在地等因素对劳动力就业选择的影响。研究结果表明，平均受教育程度对两种活动的参与都具有正向作用；家庭耕地面积对劳动力参与本地非农活动不起作用，而与外出打工呈负相关关系；家庭负担结构同样对劳动力本地非农就业不起作用，而对外出打工呈负向影响。此外，赵耀辉（1997）、宝剑久俊（2001）、刘秀梅（2005）等对农村劳动力参与非农就业的影响因素进行测定，这对于农村劳动力外出就业选择模型的设定具有借鉴意义。

近些年来，随着产业转移，还出现了农村劳动力由外出打工向本地回流的现象，即农民回乡就业、创业的增多，这是农村劳动力由异地与本地非农就业良性互动的体现。白南生（2004），宋洪远（2002），王西玉、崔传义和赵阳（2003）等对这一问题做了实证研究，他们主要通过案例或调查的情况对农民工回乡创业的现状、成因及遇到的问题等进行阐述和分析，现阶段农民工回乡创业具有很重要的意义，应创造良好的经济社会环境鼓励更多的农民工回乡创业。刘光明和宋洪远（2002）、韩俊（2008）对农民工回乡创业面临的问题、对策进行了分析。此外，Wenfei Wang 和 Fan Cindy C.（2004）基于四川省和安徽省的调查数据，建立了农村劳动力就业选择的 Logit 模型，分析结果表明，与外出打工相比，劳动力随着劳动力年龄的增长，其回乡创业的可能性就增大，女性、已婚以及耕地面积也对农民工回乡创业有正向影响，受教育程度、家庭规模以及家庭收入与农民回乡创业呈负相关关系。

三、关于研究现状的评价

农村劳动力转移就业是关系民生的重要问题，国内外学术界都将其作为一个重要的命题研究。无论从理论层面还是从实证角度，学者们已经做了大量深入细致的研究，且研究方法比较成熟。但这些研究主要集中在对农村劳动力转移尤其是跨区域转移研究得较多，对于具有中国特色的就地就近转移研究较少，对于转移方向的细分更是缺乏系统分析。因此，本书将对以下问题做进一步探讨：一是我国出现就地就近转移这种特殊的劳动力转移方式的历史背景;二是劳动力就地就近转移在整个就业格局中的地位和作用;三是劳动力选择就地就近转移的决定因素;四是就地就近转移与异地转移之间的关系等。

第三节 研究的主要内容

农村劳动力转移是经济社会发展过程中的重要问题,涉及的研究内容丰富而广泛,但其相对于农业转移的方式不外乎就地就近转移和异地转移就业两种,这两种方式有机地组成了我国农村劳动力外出就业的生动局面。对农村劳动力就地就近转移问题进行单独研究,无论从研究范围的宽窄,或是从本身研究的深度,还是从对数据、资料的把握都是一个比较优化的选择。因此,本书选择我国农村劳动力转移中的就地就近转移作为主要研究对象,并将其置于农村劳动力转移就业的宏观背景中综合考虑,希望得出更加全面和深刻的结论。

本书研究基于这样一个假设,中国农村劳动力转移就业本身就是一个历史的过程,最初时的中国农村劳动力更多地是向周围的乡镇企业和小城镇转移,随着社会主义市场经济体系不断完善,城市改革不断深入,农村劳动力更多地转移向了距离农村更加遥远的异地城市,同时,随着近年来地方经济的发展,也有许多外出务工的农村劳动力选择回乡创业或工作。虽然存在着许多复杂情况,但农村劳动力从农业→本地→异地→本地这样一个动态流动的过程基本上符合历史的发展和中国的实际。因此,本书的研究试图将就地就近转移纳入这样一个动态的流动过程当中,从流动中更加深入地理解就地就近转移的基本特征、影响因素及其在这个过程当中所处的位置,同样,也可以通过对就地就近转移的深入研究更好地把握这样一个动态流动的本质。基于这样的考虑,本书的研究内容主要包括以下几章:

第一章是导论。本部分主要包括研究的缘起、文献综述和研究的主要逻辑和内容。

第二章为农村劳动力就地就近转移的历史演变。从封建小农经济时期的农民兼业到新中国成立后计划经济体制下的劳动力转移,再到改革开放以来农村劳动力转移面临的新局面,纵向历史分析加深对农村劳动力就地就近转移在劳动力转移总体格局中的地位和作用的理解。

第三章分析了农村劳动力就地就近转移的现实考察。通过对农村劳动力就地就近转移的规模、收入水平、行业分布、所在地社会经济状况的描述,对劳动力个人特征、家庭特征的统计分析,以及对区域之间劳动力就地就近转移的差异研究,把握其特征和规律。

第四章是农村劳动力就地就近转移基于托达罗模型的宏观分析。本部分结合农村劳动力就地就近转移的历史与现实,对托达罗模型进行修正,分析了就地就近转移形成的合理性和必然性,并对农村劳动力转移行为进行分析,得出一些有益结论。

第五章是农村劳动力就地就近转移的微观因素分析。本部分基于农户模型基本理论,以农户家庭劳动力配置效用最大化为基础,构建计量模型,进行实证分析,测定农村劳动力个人特征、家庭特征以及所在地基本情况对农村劳动力就业地点选择的影响。对东部和中西部地区就业选择的差异进行相关对比和分析。

第六章是农村劳动力就地就近转移新动力。重点分析了农民工返乡创业和就业给县域经济发展和农村劳动力就地就近转移提供了新动力。

第七章对农村劳动力就地就近转移的贡献和制约因素进行评价。

第八章是本书的研究结论和政策建议。

本书的技术路线如图 1-1 所示。

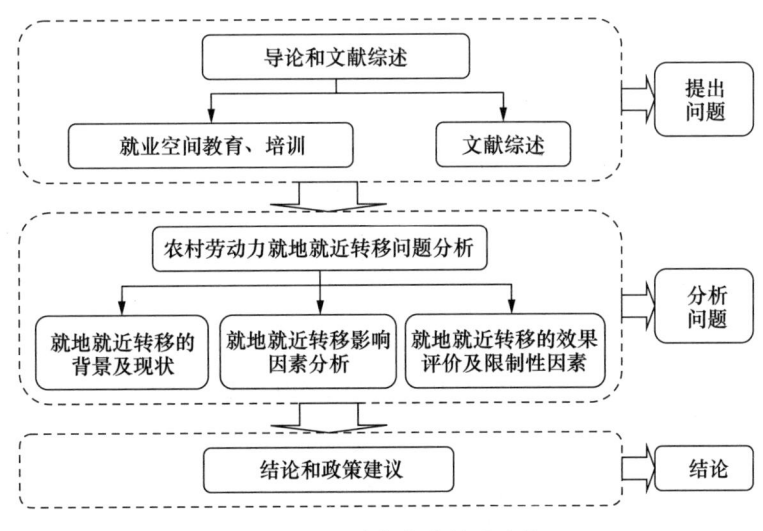

图 1-1 研究框架和技术路线

第四节 研究方法和资料

一、研究方法

本书运用的主要研究方法有实证分析、计量经济学分析、数理统计分析、比较静态分析和对比分析方法等。

1. 实证分析法

本书全篇贯穿的一个研究方法是实证分析法,实证分析法是指通过理论框架对经验事实进行解释或预测。本书运用实证分析法,在农村劳动力就业地点选择机制理论框架的基础上,通过计量模型对农村劳动力就业地点选择的影响因素进行测定,对劳动力就地就近转移的地位、作用及效果进行研究。

2. 计量经济学分析法

计量经济学分析法也是本书应用的主要方法。计量经济学分析法是实现实证研究的重要手段,计量经济学分析法是以经济理论为指导,考察和研究经济社会中各种经济变量之间的数量关系。本书运用计量分析法建立计量模型,分别考察宏观因素和微观因素对农村劳动力就业地点选择的影响。

3. 数理统计分析法

本书运用数理统计分析法主要是对我国农村劳动力就地就近转移情况进行静态描述,通过最大值、最小值、平均值、标准差等指标掌握我国农村劳动力就地就近转移的基本特征。

4. 比较静态分析法

比较静态分析法是指抽象掉时间因素和经济变化过程,对个别经济现象的一次变动的前后,对比分析经济现象的均衡状态及其形成条件的方法。本书应用该方法分析在没有开放劳动力市场和存在开放劳动力市场两种情况下,农户家庭的劳动力均衡配置情况,并由此从农户的角度分析影响农村劳动力就地就近转移的因素。

5. 其他方法

除上述方法外，本书还涉及对比分析法等。

二、资料说明

本书所使用的数据主要有如下几个来源：《中国统计年鉴》（历年），中国统计出版社；《中国劳动统计年鉴》（历年），中国统计出版社；《中国农村住户调查年鉴》（历年），中国统计出版社；《中国农业统计年鉴》（历年），中国统计出版社；农业部全国农村固定观察点的中国农村住户调查数据；2016年大学生返乡调查问卷；其他数据来源，国家统计局人口普查数据和其他文献可供引用的数据等。

本书将利用这些材料提供的数据分析我国农村劳动力转移就业的历史变迁、农村就地就近转移的现状和特征，用于相关实证研究的计量模型的分析和估计。特别是农业部全国农村固定观察点的住户调查资料是本书的基础和主要的数据资料。

第五节 相关概念界定

以往的研究中许多学者对农村劳动力转移的相关概念有过明确的界定，但由于农村劳动力转移问题涉及的研究内容较多，某些概念的内涵和外延有所差别，因此，为了研究的方便和避免混淆，有必要在本书的开始部分对劳动力转移的相关概念进行界定。

一、农村劳动力

劳动力是指人的劳动能力，即人们在生产劳动中的体力和脑力的总和。人口学上一般以16~64岁的人口为劳动适龄人口即劳动力。我国一般规定男子16~65岁、女子16~60岁为劳动力适龄人口。考虑农业生产的特殊性，60多岁的老人仍然可以从事农业生产，我们将农村劳动力的年龄范围限定在16~65岁。此外，本书中农村劳动力不同于一般意义上从事农业生产的农业劳动力，也不同于狭义概念上农村范围内就业的劳动力。农村劳动力既可以从事农业生产，也可以从事农业以外的其他产业，也没有就业地域范围的约束。因此，基于以上考虑，我们将农村劳动力定义为农业人口中具有一定劳动能力的人，即16~65岁、具有劳动能力（学生除外）的具有农村户口的人。

二、农村剩余劳动力

农村剩余劳动力是个相对的概念，它随着农业生产力水平的变化而不断变化，它与农业剩余劳动力是紧密相连的。我们平时常常提到的农业剩余劳动力是指在一定生产力水平下超过生产需求量的劳动力，从经济学意义上讲，就是在农业生产部门存在的边际劳动生产率为零的劳动力。在市场经济条件下，一部分农业剩余劳动力已经转向非农产业就业，那么剩下未转移的部分即为农村剩余劳动力。因此，本书认为，农村剩余劳动力是指在一定农业生产力条件下，没有转移到非农产业就业的农业剩余劳动力。

三、农村劳动力转移

从宏观角度看，农村劳动力转移是随着经济的发展，农业剩余劳动力不断由农业向非农产业、由不发达地区向经济发达地区转移就业的过程。具体地说，农村劳动力转移是指从事除农业工作之外的其他就业，包括家庭非农经营、进入乡镇企业工作、农村第三产业或进城务工等非农就业。针对农村劳动力兼业大量存在的情况，在这里我们借用国家统计局的统计标准，对农村劳动力转移进行界定，凡是在一年之内从事非农业劳动累计时间达到6个月以上的农村劳动力就被视为转移劳动力，而在一年之内只从事农业劳动和从事非农业劳动累计时间不足6个月的农村劳动力均被列为农村未转移劳动力。农村劳动力转移可划分为就地就近转移和异地转移两种模式。就地就近转移是"离土不离乡、进厂不进城"的转移模式，具体是指农村劳动力在县域范围内的第二、第三产业就业，且从事非农就业的时间累计达到6个月以上；异地转移是指农村劳动力离开家乡到城市的第二、第三产业就业，且外出就业时间也累计达到6个月以上。一般情况下，就地就近转移的劳动力居住地点不会变，而异地转移劳动力的居住地点随务工地点而改变。可见，农村劳动力转移就业既有空间的变化也有职业的改变，而究其根本，职业的变化是农村劳动力转移就业的关键。

四、农村劳动力就地就近转移和异地转移

农村劳动力就地就近转移和异地转移是农村劳动力转移就业的两个方向,划分就地就近转移与异地转移的地域范围是区分这两个概念的关键,本书考虑将县作为本地与异地的分界线。笼统地讲,在县域范围内的转移就业可称之为就地就近转移,那么,劳动力在所属县以外范围的非农就业就是异地转移。这与国家统计局本地和外出农民工以乡镇划定界限,以及全国农村固定观察点以乡镇以外作为外出就业农村劳动力的界限不同。以县作为区分两者的依据,主要因为县是连接城市和农村的纽带,是发展小城镇的载体,县域经济的发展可以为农村劳动力转移提供广阔空间,与此同时,农民在县域范围内就业基本上可以做到"离土不离乡",无论居住地点或是就业行业还是与农业的关系,县内就业相对于县外就业都具有明显的差异,具有相对独立的特征。所以,我们将农村劳动力就地就近转移限定在县域范围内;相应地,劳动力异地转移指在本县范围以外的转移。更具体地说,就地就近转移是指农村劳动力在本县范围内的第二、第三产业就业;异地转移是指本县范围以外的第二、第三产业就业。当然,异地转移有"背井离乡"也有"离土不离乡"的情况,如有些处于特殊地理位置的农户,距离城市或邻县比本县县城的距离近,而且城市或邻县的辐射力更强,这样即便是在城市或邻县工作基本上也可以做到"离土不离乡",也应归入"就地就近转移"的范畴,但是在统计数据上难以区分,个别属于"就地就近转移"的统计成为"异地转移",这是就地就近转移的特殊情况,不影响农村劳动力就地就近转移这一问题的整体研究。

就地就近转移和异地转移作为农村劳动力转移就业的两个方面既是对立的又可以相互转换。对于同一个劳动力,选择就地就近转移的同时就不能选择异地转移,反之亦然,这两种类型的就业是互相排斥的。但是从发展的角度看,农村劳动力可以由就地就近转移向异地转移转换,同样异地转移就业的劳动力也可以转向就地就近转移,农民工回乡创业就是这种转换的例证。

根据对"农村劳动力转移"概念的界定,如果非农就业时间累计达不到6个月,就不能称为转移劳动力,而在农村除了向非农产业转移的劳动力外,还存在以农业生产为主兼顾非农就业的劳动力,本书中我们称这类劳动力为非农兼业劳动力,而转移劳动力和非农兼业劳动力合称为非农就业劳动力。如果一个劳动力

既在本地非农就业又在异地非农就业，那么这个劳动力以哪一种就业为主，我们就将其列为相应的就业形式。所以，从概念界定上看，农村劳动力本地和异地非农就业的范畴大于本地转移和异地转移就业。

五、东部、中部、西部划分

本书中所涉及的东部、中部、西部划分基本上遵循国家统计局的标准，但考虑内蒙古和广西全部被列入西部大开放的行列，所以将这两个省份放入西部地区，其他省份不变，由此具体划分如下：东部地区包括北京、天津、河北、辽宁、上海、江苏、浙江、福建、山东、广东、海南，中部地区包括山西、吉林、黑龙江、安徽、江西、河南、湖北、湖南，西部地区包括内蒙古、四川、重庆、贵州、云南、广西、西藏、陕西、甘肃、青海、宁夏、新疆。

第六节 研究特色及创新说明

通过对现有研究文献的阅读和梳理，发现对我国农村劳动力就地就近转移这一具有中国特色的就业形式缺乏系统的研究，尤其是将其放在农村劳动力转移就业的大背景下动态地看待农村劳动力就地就近转移的地位和作用。因此，本书的研究特色和创新之处在于全面系统地对这一问题进行研究。①从历史的角度对农村劳动力非农就业的演变进行了全面、系统的研究，揭示了在我国农村劳动力就地就近转移的必然性；②对农村劳动力就地就近转移的现状和特征进行了全面归纳和分析；③从理论出发对农村劳动力就业地点选择机制进行了研究，并测定其影响因素。

第二章　农村劳动力就地就近转移的历史演变

经济学家约瑟夫·熊彼特在其《经济分析史》中这样写道：经济史——是它造成了当前的事实，它也包括当前的事实——乃是最重要的。首先，经济学的内容实质上是历史长河中一个独特的过程。如果一个人不掌握历史事实，不具备适当的历史感或所谓历史经验，他就不可能指望理解任何时代（包括当前）的经济现象。其次，历史的叙述不可能是纯经济的，它必然要反映那些不属于纯经济的"制度方面"的事实，因此历史提供了最好的方法让我们了解经济与非经济的事实是怎样联系在一起的，以及各种社会科学应该怎样联系在一起。最后，我相信目前经济分析中所犯的根本性错误，大部分是由于缺乏历史经验，而经济学家在其他条件方面的欠缺倒是次要的。农村劳动力在现代化过程中向非农产业转移其本身就是一个具有丰富内涵的经济史问题，我们重视经济史的回顾，尤其是在研究我国问题的时候。我国自古以来就是一个典型的农业国，尽管在历史的不同时期商业、制造业的地位有所不同，但以农为本的政治经济形态亘古不变。直至近代，国门才首次被西方的坚船利炮打开，尽管经历了上百年前仆后继的追赶西方、改变落后的脱胎换骨，我国的现代化却一直迟滞不前。直至改革开放，中国人民才抓住了新的历史机遇，现代化、城市化全面启动，我国农民在这样的历史大潮中也开始走出农村走向城市、走出农业走向非农产业。从世界各国发展的历史看，农村劳动力转移是发展中国家经济转型过程中的必然选择：一端是存在大量剩余劳动力的传统农业，另一端是相对发达的城市工业，随着城市化、工业化的推进，大量从农业中解放出来的农村劳动力不断涌向农村非农产业和城市，这样的历史过程曾被许多经济学家细致描述，如刘易斯、托达罗、乔根森等。然而我国的农村劳动力问题有其特殊的复杂性：人口多资源少、巨大的区域差异和广阔的农村社会等，都使得中国的农村劳动力转移呈现出鲜明的中国特色，特别是乡镇企业的崛起以及县域经济发展和小城镇建设，形成了"离土不离乡"的就地就近转移模式。对待这样一个具有丰富内涵、复杂背景的现实问题，我们更希望通过宏观的历史梳理，将农村劳动力就地就近转移放到整个农村劳动力转移的大背景中加以考察，以期深入把握其发展脉络，加深对现实的理解。

第一节 历史上的农村劳动力流动与就地就近转移

一、封建社会后期（1800~1911年）

中国数千年封建社会的经济基础是自给自足的小农经济，"农业社会"正是历史上中国封建社会的真实写照，在这样的社会里：以一家一户的个体农民为基本的生产单位，这种生产单位同时又是自我消费单位；周而复始的简单再生产；以家庭手工业附属于农业。三者构成了自然经济的内涵和本色，这就是支撑整个中国封建社会的基本经济构造。① 20世纪以前的中国农业占国内生产总值的65%以上（见表2-1），20%~80%的劳动力以部分或全部时间从事农作，能源则依赖于日光、风力、水力、畜力特别是人力提供。②

表2-1 19世纪80年代各行业国内生产总值占比估计

部门	数量（1000两）	百分比（%）
农业	2229941	66.79
非农业	1108816	33.21
采矿业	47800	1.43

---

① 陈旭麓：《近代中国社会的新陈代谢》，上海人民出版社，1992年版第4页。
② 罗兹曼：《中国的现代化》，江苏人民出版社，2003年版第107页。

续表

部门	数量（1000两）	百分比（%）
制造业	128000	3.77
建筑业	30000	0.90
运输业	30000	0.90
贸易	220000	6.59
金融	74645	2.24
住房建筑	164000	4.91
政府劳务	164000	4.91

资料来源：张仲礼：《中国绅士的收入》（1962年），西雅图华盛顿大学出版社第296页。

处在自然经济中的小农并非与商品全然无关，明清以来，高度竞争性的商品市场发展起来，国内外贸易得以拓展，货币和契约被广泛使用，盐、茶、布、木等商品的长距离贩运，个人相对自由的职业变迁和社会流动，土地、劳力市场的灵活和开放，工场手工业的发展及雇佣劳动的变化，农村集市在数量和规模上也有迅速的发展，尤其在商品经济发达的长江下游、珠江三角洲地区。正如1939年毛泽东同志在《中国革命和中国共产党》中明确指出的："中国封建社会内的商品经济的发展，已经孕育着资本主义的发展，如果没有外国资本主义的影响，中国也将缓慢地发展到资本主义社会。"封建社会后期中国的小农经济中确实已经萌发出商品经济乃至资本主义的萌芽，对于个体农民而言，其在从事农业生产的同时也与商品市场发生关系，或在市场上买卖粮食和少数劳动产品，或为地主充当雇工，或从事拉纤、赶车等运输行当，或被少数手工业工场雇佣，也有能力强的干脆脱离故土进城经营等。从总体上看，此时的农村劳动力虽然大多数时间从事农业，但在农闲兼业的状况也已相当普遍。特别是乾隆以后，随着人口的大幅膨胀以及土地兼并的加剧，大批农村贫民走向破产，成为农村剩余劳动力的主体，靠出卖劳动力谋生，除乞讨寇盗外，一部分成为地主的长期雇工，一部分则为手工业工场长期雇佣，成为有自由身份的雇工。

到清代，尤其是乾隆以来，农民佃户的雇工，以及"店铺小郎"之类，绝大部分已是"无主仆名分""同座共食"的自由劳动者了。① 农业中雇佣主要包

---

① 许涤新：《中国资本主义发展史》，人民出版社，2003年版第一卷第19页。

括以下几种情况：第一，地主雇人从事农业生产；第二，地主雇工经营商品性生产；第三，自耕农或佃农雇工经营商品生产；第四，商人租地雇工经营农业。手工业中，由小生产者分化出来的雇主和雇工是比较多的，其从事的行业很广泛，如造纸业、制糖业、土窑业、烧炭业、煤矿业、铁工业、木材加工业、泥瓦工业、食品加工业、制毡业、爆竹业、铜器业、丝织业、棉纺织业、染纺业等。这些手工业生产大都集中在农村附近的集市上，据估计，在20世纪初这种集市多达63000个。① 每个集市区域平均有15~30个村庄，这些村庄的百姓不仅定期赶集做买卖，而且聚在一起进行娱乐、谈婚论嫁并交换外部信息等。这些数量众多的基层集市又与两种较高级的市场——中间市场和中心市场——发生关系，最后则与像天津、上海和广州这样的沿海贸易城市连接起来。同样，这些农村集市的分布也是很不均匀的，一些边远地区几乎没有摆脱自给自足的小农生产，集市较少，而靠近繁荣城市或口岸的村庄，集市交易的频率较高，规模也比较大。相对于广泛的以农村为中心的集镇所发挥的巨大的经济作用，清代城市的作用则相对较小，城市没有成为既吸引穷人又吸引富人的磁石，由于没有购置土地的财力，穷人就被吸引去当佃农以及农忙时节的农业雇工，或者到周围集镇上从事手工业生产和商业活动，因为此时农村工资大大高于城市工资。富裕的人一直住在靠近其田产的地方，这样就能在收入进项和消费机会两方面都处在与遥远的城市几乎相同的水平上。城市人口的增长与全国人口增长大体同步，尽管城市中有高度稠密人口支撑的商店和功能，以及政府权威象征的城墙和衙门，但此时的城市显然没有成为吸引农村居民的磁石和榜样。②

可以得出的结论是：封建社会后期，农村雇佣劳动已形成巨大的队伍，农村劳动力向城市的流动规模很小，而在本地兼业化的倾向则非常普遍，其从事的行业也相当广泛，但主体仍是封建性质的农业雇工，也包括部分手工业生产和商品贸易活动，兼业活动的地域范围主要集中在农村及其附近的集镇上。总体来看，尽管当时商品经济比较繁荣，但由于生产力水平较低，从事商品生产的机会有限，此时的农村劳动力大体上还是被束缚在土地上，尽管他们有选择

---

① 施坚雅：《中国农村的集市和社会结构，第二部分》，载于《亚洲研究杂志》，1965年24卷第2期第277页，转引自《剑桥中国晚清史》。
② 罗兹曼：《中国的现代化》，江苏人民出版社，2003年版第140-143页。

的自由。

二、民国时期（1911~1949年）

进入20世纪，中国的半殖民地半封建程度加深了。清朝灭亡后，政治分裂，军阀混战不休，自然灾害频发，农业连年歉收，西方资本主义也趁机加大了对中国的侵略，特别是1937~1945年的日本侵华战争，加剧了本已相当严峻的经济困难，到1949年新中国成立前夕，中国经济已经濒临崩溃的边缘。总的来看，清末到新中国成立前这段历史，经济社会几乎陷入停滞，绝大多数的中国人只是在勉强维持生计，经济困苦成为中国特别是中国农村的长期问题。

正像费孝通在《江村农民生活及其变迁》中描述的那样：江村的变化总的说来反映了全国农村所走过的道路，而且在一定程度上还可以说它代表了中国农村现代化的先进模式。江村坐落在太湖东岸，地处长江三角洲。这一地区自古是为人赞叹的"人间天堂"。然而在20世纪30年代我初访江村时，"天堂"之誉早已名不副实。和当时全国的农村一样，江村的大多数农民正在饥饿线上挣扎，在封建土地制度和近百年帝国主义的压迫下，农民的日子那时正在一步步陷入贫困的深渊……中国农村近百年的历史是一部自然经济衰败的历史。从这个地区来说，经济衰败的起点就在于家庭手工业的没落，这使得原来生活上还能过得去的农民陷入穷困。饥饿迫使他们出卖唯一赖以生存的土地，完全跌入封建剥削的陷阱。土地权大量集中到地主手里，进一步加强了农村经济的崩溃。

从产业结构看，这一时期的中国经济中农业依然压倒一切。1933年农业净产值估计有187.6亿元，或占国内总产值的65%，所有的"工业"（工厂、手工业、矿业、公用事业）占10.5%。商业第三，占9.4%。其他部门排列如下：运输5.6%；金融、个人劳务和房租5.6%；政府行政2.8%；建筑1.2%。农业所占比重如此之大，却并未得到应有的投入，由于政治领导的虚弱，内战外战不断，农业部门无法得到任何大量的资源投入农业生产，1949年以前，中国本土的年投资总额大概从未超过国民收入的5%，农业分配到的就更加微不足道了。从职业上看，1933年5亿总人口的73%，约3.65亿人属于农业人口，占总人口的27%，约1.35亿人属于非农业人口，而扣除掉老人、儿童、学生及少数失业和闲住人口外，2.59亿总劳动人口中，有79%约2.05亿人实际从事农业，有21%约0.54亿人从事如工业、手工业、采矿业、建筑业、商业、运输等非农业工作，相比清代的数据，可以发现人口职业在过去的 100 年里的变化很小。① 从土地分配情况看，地权很不平均，1934~1935 年针对 1295001 户自耕农的调查显示，每个农户平均拥有土地 15.17 亩，其中，73% 的农户拥有土地 15 亩以下，只占土地总面积的 28%，而 5% 的农户拥有土地 50 亩以上，占土地总面积的 34%。② 这还不包括数量巨大的破产农民，1933~1936 年的数据显示，农村无地户数占总户数的比例，绥远临河县为 75.2%，陕西渭南、凤翔、绥德县为 19.2%，山西平顺县为 16%，河南南阳、许昌等五县为 12.9%，河北定县、平谷、遵化等十五县为 28.4%，江苏铜山、萧县为 27.8%，江苏常熟、启东、临城三县为 54%，浙江吴兴、崇德等七县为 32.4%，广东番禺县为 52%，广西容县、藤县、桂平等二十一县为 26.7%。③ 数据表明，伴随着小农经济的衰落，土地兼并在加剧，财富分配日益不均，破产的农民大幅增加，经济陷入恶性循环。

总的来看，民国时期的经济社会是走向凋敝的，尽管来自外部的新鲜事物在增加，产业结构也在发生改变，开放的口岸在增加，甚至一些新技术也被应用到生产领域，但由于政治的分裂和混乱，战争的破坏，自然灾害的频发，加之帝国主义的侵略，中国的小农经济再也无法维持，粮食生产无法保证，农村手工业走向破产，大量农民失去土地沦为贫农，土地大量集中到少数地主手中，农村正在走向崩溃。以工业经济和城市经济为代表的新生产力，在此刻内忧外患的中国，根本无法发展起来，更无法带给广大中国农村剩余劳动力充足的非农就业机会，农村劳动力大规模转移无从谈起。随着经济困难的持续，农村手工业饱受冲击不断衰落，不少手工业者濒临破产，即便是生存下来的也都缩减开支、苦苦经营，使得农村附近的本地就业机会相当缺少，据统计，直到 1949 年，全国农副业产值还只有 11.6 亿元，人均 2.4 元，来自非农就业的收入不足 2 元。在当时，人们长期生活在贫困和饥饿状态，破产农民或是转变为贫雇农，或是转变为半失业状态的城市流民，稳定的就业或兼业极为难得。

---

① 费正清等：《剑桥中华民国史》，中国社会科学出版社，1999 年版上卷第 31 – 34、61 页。
② 费正清等：《剑桥中华民国史》，中国社会科学出版社，1999 年版上卷第 64 页。
③ 严中平：《中国近代经济史统计资料选辑》，科学出版社，1955 年版第 273 页。

三、新中国社会主义建设时期（1949~1978年）

1. 新中国成立初期的农村劳动力自由流动（1949~1960年）

新中国成立之初，满目疮痍，百废待兴，到处是贫困的农民，低下的粮食产量，长期失修的基础设施，旧中国通货膨胀的时刻威胁。面临困难局面，国家先后开展了国民经济恢复和社会主义"三大改造"运动，经济社会获得长足发展。在1956年生产资料所有制方面的社会主义改造取得了决定性胜利以后，在"左"倾错误思想的影响下，又开展了"大跃进"和"人民公社化"运动，在政治上开展了"反右倾"斗争，从经济上错过了改正的时机，直到"三年困难"时期后的国民经济调整为止的10年里，中国的经济社会经历了曲折发展的过程。

新中国成立初期的这10年里，劳动力供给过剩问题相当突出。据1952年底的统计，全国共有人口54391万人，其中，城市人口占11.8%，城乡就业人口占总人口的51.4%，工人总数为1198万人（有1/4在农村），占总人口的2.2%，占就业人口的4.3%，农业劳动者为24164万人，占总人口的44.4%，占就业人口的86.4%，农业就业人口为工业手工业就业人口的20倍。尽管土地改革基本做到了"耕者有其田"，从而大幅减少了农村失业无业人口，但由于长期的经济凋敝和人多地少的现状，农村剩余劳动力人数仍然众多，并且有增无减。1952年，全国共有农村剩余劳动力4039万人（实际数字可能更大），占农业劳动力总数的16.8%。农村劳动力的剩余成为一个全国性的问题，不仅华北、华东，中南、西南地区较多，地多人少的东北、西北地区也不少，如东北农村剩余劳动力为123万人，占本区农业劳动人口总数的7.2%。随着农业的恢复（主要指人力替代物的增加，如牲畜、农具等）和人口的增长，妇女加入农村劳动力的行列，以及有条件的城市失业无业人口被动员回乡工作，这种剩余还将继续增加。①

与此同时，工业特别是重工业的迅速发展，尤其"大跃进"时期的大炼钢铁、以钢为纲，大兴土建，更是增加了对劳动力的需求。虽然城市也面临着严峻的失业问题，但由于此时还没有城乡户籍制度对于城乡人口流动的约束，只要城乡收入之间存在差距，基数巨大的农村剩余劳动力在市场的作用下，必然会大量

---

① 武力、李光田：《论建国初期的劳动力市场及国家的调控措施》，《中国经济史研究》，1994年第4期。

涌入城市。在这种较为宽松的环境里，1954～1956年全国迁移人数达7700万人，包括大量农民进入城镇居住并被企业招工，成为历史上人口流动最为频繁的时期之一。统计资料显示，1957年，城镇劳动力为3205万人，比1952年增加了719万人，增长了28.9%，年均增长率为5.2%。仅1958年一年城镇劳动力就增加了2095万人，是前5年城镇劳动力增长总数的近3倍，其中，工业和建筑业共新增劳动力1900万人，相当于原有劳动力的2倍，在增加的劳动力中有52.6%来自于农村。到1960年底，农业劳动力占全社会从业人员的比例降至65.75%，城镇劳动力达到6119万人，是1952年的2.46倍。此外，农村手工业合作社的推广和公社工业的兴起也带给农民众多的就业机会，许多农民在从事农业的同时，兼营商品性生产。据估计，在这一时期，农村各类专业手工业者约有200万人，处于兼业状态的农民约有1000万人。

可以判断，这个时期的农村劳动力的转移经历了新中国成立初期的自由转移和"大跃进"时期的过分转移两个阶段，尽管国家出台了不少政策措施试图解决农村劳动力转移中存在的问题，包括1956年限制农村劳动力向城市转移的城乡户籍制度的出台，但从总体上看，这一时期农村剩余劳动力向非农产业的转移是不断增加的，特别是在"大跃进"时期更是达到狂热状态。此外，由于农业集体化过程中公社工业的兴起以及农村手工业合作社的推广，农民本地就业的机会在增加。

2. 限制措施的出台和城市农村劳动力的回流（1961～1969年）

早在新中国成立初期的几年里，政府为了减轻城市失业的压力，就曾出台了一些政策措施限制农村劳动力盲目流入城市。1952年8月，政务院召开的全国劳动就业会议，就专门讨论了农村剩余劳动力问题，并制定了《关于解决农村剩余劳动力问题的方针和办法》，提出："农村的剩余劳动力应靠发展多种经营，就地吸收转化，防止其盲目流入城市，增加城市的负担。"1952年11月，《人民日报》指出："近来有不少地区发现农村剩余劳动力盲目流入城市，应劝阻农民盲目向城市流动。"1953年4月，政务院《关于劝止农民盲目流入城市的指示》有如下要求：①县、区、乡政府、农会应劝止农民自行进城寻找工作，除有企业正式文件证明其为预约工或合同工者外，均不得开给介绍证件。②现已进城而未被企业雇佣的农民，应由所在地的政府劳动部门及民政部门会同工会和其他有关机构，动员其还乡。在处理过程中应采取慎重态度，并酌予解决经济困难。③未经政府劳动部门许可或介绍的企业，不得擅自到农村招收工人，更不得张贴布告，乱招工人。1954年3月，内务部和劳动部又联合发出《关于继续贯彻劝止农民盲目流入城市的指示》，重申了前述政务院的通知精神。但此时政府的限制措施是短期的，方法也以劝阻为主。

1954年以后，政府开始推进计划体制控制人口流动，1953年4月，政务院推行全国人口调查登记，建立了简单的人口登记制度。1954年12月，内务部、公安部、统计局联合发出通知，要求建立普遍的农村户口登记制度，加强人口统计工作。1955年6月，国务院发出"关于建立经常的户口登记制度的指示"，要求把经常性的户口登记工作推向全国。1956年2月，国务院指示"把户口登记管理工作及人口资料的统计汇总业务，由统计局统交给公安机关负责。1956年12月30日～1957年12月18日，连续发布了9个限制农民进城的文件。文件的限制性倾向明显增前。这在1957年12月18日由中共中央和国务院联署的《关于制止农民盲目外流的指示》中表现得比较明显。该文件要求采取7项措施，其主要内容包括：①各单位在招收工人或临时工（包括搬运工和保姆）时，必须先城市后农村。必须在农村招收时，也要经过当地劳动机关的许可并通过农村地方政府、农业生产合作社有组织地进行。各地劳动机关和监察部门应对此严加检查监督。②乡和农业生产合作社对企图外流的农村人口应切实加以劝阻，对不事生产、游手好闲、喜欢外跑并且引诱别人外出的人，应严加批评，屡教不改者交合作社监督劳动。③在某些铁路沿线或交通要道，应加强对农村人口盲目外流的劝阻；在城市和工矿区，对盲目流入的农村人口要动员其返回原籍，并严禁流浪乞讨；公安机关应严格户口管理，流入较多的城市应设置收容所，集中遣返；应严格控制自由市场的范围，取缔无照商贩营业和无照车辆运输，防止农民弃农经商，进城从事商业投机活动。④为保证上述措施的落实，有关部门必须密切配合。冀、鲁、苏、豫、皖5省及其他流入人口较多的省、市，应组成以民政部门为主，有公安、铁道、劳动、交通、监察等部门参加的专门机构负责处理；共青团、妇联和工会应动员流入城市的青年、妇女和职工的农村家属返乡。中央各有关部门应分别发出指示，责成所属单位执行。1957年12月14日，《人民日报》第4版刊载文章《增加农村劳动力减轻城市负担利国利己十一万多军官家属回到家乡生产》，生动记载了当时中国人民解放军中形成的"动员随军家属还乡生产、参加社会主义建设"的活动热潮。1958年1月9日，《中华人民共和国户口登记条例》正式颁发。该条例规定:"户籍管理以户为基本单位,只有当人与住址相结合,在户口登记机关履行登记后,法律意义上的'户'才成立;户分为家庭户和集体户;公民在经常居住的地方登记为常住户口,一个公民在同一时间只能登记一个常住户口;公民在常住地市、县范围以外的地方暂住3日以上,须申报暂住登记;婴儿在出生后一个月内须申报出生登记,并随母落户;公民迁出本户口管辖区,必须在迁出前申报迁出登记,领取迁移证,注销户口;不按条例规定申报户口或假报户口者须负法律责任;公民由农村迁往城市,必须持有城市劳动部门的录用证明,学校的录取证明,或者城市户口登记机关的准予迁入证明,向常住地户口登记机关申请办理迁出手续。"户口迁移审批制度和凭证落户制度的确立,标志着严格限制农村人口向城市流动的城乡户口制度正式形成。①

1958年以后"人民公社"的全面推开,从组织上形成了对农村劳动力的控制,"大跃进"过程中农村劳动力大规模向非农的转移就业,多是在公社的组织下进行的,而活动的范围也多是在农村从事公社工业或是集体兴修土建,农村剩余劳动力向城市的转移在制度和组织的约束下基本停滞了。由于各方面的原因,1959年起农业总产量连续3年低于1958年水平,人均粮食占有量由1957年的302公斤下降为1960年的108公斤,国民经济经历了"三年困难"时期,其中一个重要的原因就在于农村劳动力被过多地转移到非农产业,从而造成了从事农业劳动力的严重不足。1960年后,国家相继遣返大批劳动力去农村,以及鼓励青年上山下乡参加农业生产等一系列政策措施,表明了当时人们对农业劳动力短缺的担忧,对农村剩余劳动力向城市流动的批判。1960年8月10日,中共中央发出《关于全党动手,大办农业,大办粮食的指示》,强调:"坚决从各方面挤出一切可能挤出的劳动力,充实农业战线,首先是粮食战线;解决劳动力问题是当前保证粮食生产的中心关键;坚决动员盲目流入城市的人口回农村去,在两三年内,各行各业都不允许在计划外到农村中私自找人;城市人口的增加必须严格控制;总之,必须从城乡,从公社内外,尽可能地挤出劳动力,加强农业生产,特别是加强粮食生产,保证在农忙季节参加农业生产的至少达到农村劳动力总数的百分之八十以上。"②

---

① 程默:《20世纪50年代中国户籍制度的形成与演变》,《当代中国研究》,2007年第4期。
② 《农业集体化重要文件汇编》(1958~1981年),中央党校出版社,1981年版下册(1)第338页。

据统计，1961～1963年，城镇人口共减少2600万人，职工共减少2000万人，农业劳动力比重由65.75%迅速上升到82.45%，呈现出劳动力由城镇向农村大规模逆向流动的局面。1963年政府提出了将青年送往农村的"15年安置计划"，即每年安排大约100万人的青年下乡参加农业生产，1968～1977年，约有1700万城市青年被下放到农村。农村非农劳动力的数量也在大幅下降，从1958年的5810万人，下降到1963年的71万人，前后对比下降了98.8%，即使是正常年份1969年的283万人也不及1952年926万人的1/3。

1960～1969年，农村劳动力流动被严格控制。在城乡户籍、食物供给、就业、住房制度的限制下，在农村集体组织的管理下，大量农村劳动力被排斥在工业和城市之外，只能从事农业生产，形成了计划经济体制下典型的城乡二元格局。

3. 社队企业兴起与农村劳动力本地非农就业（1970～1978年）

社队企业的前身是公社工业，"大跃进"期间，许多人民公社兴办起了大量小型炼铁、小矿山、小煤窑、小农机修造、小水泥、食品加工和交通运输企业。同时，把原本建立的许多农村手工业小厂转化为公社工业。到1959年底，小型公社工业企业达到70多万个，职工达到1800万人，产值超过100亿元。但由于盲目发展，脱离实际，违背客观经济规律，在国家的调整和整顿下，1960～1969年，大量企业难以为继，公社工业被迫下马，许多公社企业被撤销，也有不少被下放到生产队，农村工业的发展基本陷入停顿。但发展打下的基础仍然存在，农民在工业生产中锻炼了自己，再加上保留下来的少量生产设施，成为后来社队企业兴起的基础。

1970年，北方地区农业会议提出在农村利用本地资源，兴办小化肥厂、小机械厂、小水泥厂等小企业，为农业生产服务，为人民生活服务，为大工业服务。中央开了一个"口子"，于是各地的社队企业纷纷发展起来了。江苏农民首先触犯"以粮为纲"的"天条"，办起了一大批农机厂、农具厂等小型企业，经过9年时间，江苏的社队企业总产值增长8.05倍，年均增长率31.8%。在全国范围内，兴起了一个社队企业大发展的高潮，1971年社队企业总产值共77.9亿元，到1978年的493.07亿元，9年共增长5.33倍，年均增长率大于20%。社队企业的大发展，吸引了大量农村剩余劳动力，1976年，全国社队企业从业人员2800万人，占当年全国就业人口总数的7.21%，农村就业人口总数的9.1%，到

1983年达到3235万人，约占全国就业人口总数的6.97%，农村就业人口总数的9.3%。据统计，1978年社队企业从业人数上海郊县为423000人，广西壮族自治区蒙山县为2680人，四川省双流县为21000人，福建省长汀县为1684人，社队企业已经成为吸纳农村剩余劳动力的主要力量。

尽管当时的外部环境并不适合，但政治冲击却不能完全阻止经济规律的作用，在逆境和夹缝中，社队企业顽强地生存并发展起来。社队企业的兴起，打破了农村经济单一化的格局，给农业注入了新的活力，使广大农民得以离开土地，从事非农劳动。然而，当时的发展又是很不平衡的，地区间的差异很大，东部地区基础好起步也较早，农民的非农就业机会相对较多，中西部地区则较少。由于社队企业扎根农村，其带给农民的非农就业机会几乎都是本地的，此时城乡之间人口流动的限制还很严格，农村劳动力的异地流动还很少，总体上处于本地非农就业或兼业状态。

4. 1949~1978年农村劳动力流动的总体特征

总体上看，改革开放前的农村劳动力流动带有明显的计划经济烙印，是新中国成立后30年间中国政治经济体制演变的缩影。从最初的自由但盲目的流动，到后来"人民公社""大跃进"时期有组织的大规模流动，再到城乡分割制度下的基本停滞，再到社队企业兴起后农民的自主分散流动，国家政策在流动中发挥的影响是决定性的。放在当时看，走过这样的发展历程也有其历史必然性，农村劳动力流动的演变与其时代背景息息相关。

（1）工业化目标。早在新中国成立放前夕的1949年3月，毛泽东同志在党的七届二中全会上的报告指出，占国民经济总产值90%的分散的个体农业经济和手工业经济，是可能和必须谨慎地、逐步地而又积极地引导它们向着现代化和集体化的方向发展的，任其自流的观点是错误的。从讲话中，我们可以体会到，中央政府早在新中国成立之初就已经对国民经济的发展方向做出了明确的规划，力图通过国有化、集体化、合作化的方式将中国人民组织起来，有计划地开展社会主义建设，逐步克服旧中国力量分散、发展盲目等先天缺陷。这样的规划首先体现在中央政府雄心勃勃的工业振兴计划，这样的选择放在今天看也是无可厚非的，在帝国主义的封锁和侵略下，借鉴苏联经验，优先发展关系国计民生的重工业，成为当时的必然选择。正如毛泽东同志在《论联合政府》中强调的："没有工业，便没有巩固的国防，便没有人民的福利，便没有国家的富强。"中央政府的长期经济目标是动员全国的资源,把它们重新分配调拨,以实现工业化,而工农业发展之间的矛盾的解决方法是农业要为工业化做出牺牲,通过工农业"剪刀差"为工业发展提供了大量的原始积累。

这在1953~1957年的第一个五年计划中可以得到充分体现:1600个各种主要建设项目中,约有700个是工业方面的,6000个小型工程中,有2300个是工业方面的;新建的工厂主要制造的是拖拉机、卡车、发电机、船只以及供重工业使用的原料和设备;计划的目标中,钢要增加两倍,电力和水泥一倍,机床两倍以上,但棉织品的增产规定不到一半,谷物不到1/5。在"一五"到"二五"计划时期,工农业投资共计4715.38亿元,其中投向重工业3507.5亿元,占74.4%,投向农业775.4亿元,仅占16.4%,其余432.4亿元投向轻工业。[①] 这一战略的实施使得我国工业在较短的时间内有了迅速的发展,到20世纪70年代末,我国在人均收入水平低、社会资源不充裕的条件下建立了初步的工业体系,社会工农业产值结构发生了重大转变。1977年工业总产值达到1372.4亿元,是1952年工业总产值的11.5倍,工业总产值占社会生产总值的比例也由1952年的17.6%增加到1977年的42.9%。

(2)制度因素。实现这些目标的主要手段是计划调配和有组织生产,与此配套的政治经济体制也相应建立起来,最典型的有国营经济制度、农村集体化制度、城乡户籍制度等。国营经济和农村集体化制度是新中国成立之初国家推行的两项重要举措,其主要目的是实现经济社会有组织、有计划的状态,集中力量推行工业化目标。1949年,《中国人民政治协商会议共同纲领》明确指出:"国营经济为社会主义性质的经济。凡属于有关国家经济命脉和足以操纵国计民生的事业,均应由国家统一经营。合作社经济为半社会主义性质的经济,为整个人民经济的一个重要组成部分。"毛泽东同志在1949年3月党的七届二中全会上提出:"单有国营经济而没有合作社经济,我们就不能领导劳动人民的个体经济逐步地走向集体化,就不可能有新民主主义社会发展到将来的社会主义社会,就不可能巩固无产阶级在国家政权中的领导权。合作社是以私有制为基础的在无产阶级领导下的国家政权管理之下的劳动人民群众的集体经济组织。中国人民的文化落后

---

① 陈吉元:《论中国农业剩余劳动力转移——现代化必由之路》,经济管理出版社,2007年版第80页。

和没有合作社传统,可能使我们遇到困难,但是可以组织,必须组织,必须推广和发展。"国营经济和农村集体化制度的推行,从制度上保证了计划经济体制的确立,为我国的社会主义建设打下了坚实的基础。1958年颁布的户籍制度是一项非常完善的人口登记制度,是计划经济体制下必要的手段,它不仅能准确、及时地掌握各地区人口状况,还将其与粮食配给制度相联系。由于改革开放前的很长一段时期,国家处于物资短缺状态,政府不得不在城市中对绝大多数消费品实行配给制,通过向城市居民发放粮票、油票、肉票、布票、自行车票等严格控制城市的消费,这样国家就通过户籍和配给制度实现了对城乡经济社会的控制。从劳动力层面看,这些制度的一个突出作用就是明确划分了城乡的界限,形成了城乡分割的二元经济格局,农村劳动力的流动被限制,可以说是严重影响了农村劳动力转移的进程。

(3)工业化、农业生产和农村劳动力。如何协调工业化、农业生产和农村劳动力三者间的关系是中国现代化道路上的一个重要问题。新中国成立之初,政府在这方面做出了很大努力,取得了很大的成绩,但由于缺少经济建设的经验也走了弯路,特别是在1958年"大跃进"和"三年困难"时期,三者间的矛盾非常突出,1960年以后解决问题的总体思路是:通过限制农村劳动力向城市流动的方式促进农业生产,保证粮食安全,逐步实现工业化,这就导致了后来限制劳动力流动的一系列措施。总体看来,工业化、农业生产和农村劳动力三者间的矛盾也经历了一个发展演变的过程,具有不同的时代特征。

第一,1958~1969年农业生产的波动。农业是工业乃至整个国民经济发展的基础,只有农业充分发展才能为工业提供剩余和充足的劳动力资源。面对有限的耕地资源和巨大的人口压力,粮食供给是新中国成立初期党和政府首要解决的问题。在帝国主义的封锁和侵略下,农产品无法通过贸易手段获得,粮食供给必须全部依靠自己。在农业发展水平低、资金不足、技术落后的条件下,劳动力的投入可以替代资本、技术,对于农业生产至关重要,这一点可以从新中国成立初期我国农业的发展与农业从业人员数量关系中看出(见图3-1),不考虑农业生产自然波动因素,在正常年份农业从业人员数量增加,农业生产总值也应随之增加。值得注意的是1958~1962年这一时期,随着农业劳动力数量的波动,农业生产也出现了大起大落的局面。1958年,"大跃进"运动全面推开,经济建设的虚假膨胀造成对劳动力的过度需求,大量农民涌向城市,与1957年相比,农业劳动力数量减少了3819万人，从事农业劳动力人数占社会劳动力总数的比重下降了23%，而从事第二、第三产业的人数分别增加了4934万人、1714万人，比重则分别增加了17.6%、5.4%（见表2-3）。农业劳动力的大量减少，加之气候异常干旱，粮食大幅度减产，粮食短缺，造成了全国性饥荒。介于这种情况，大量的劳动力又被遣返回农村务农，通过限制农村劳动力向城市和非农产业流动，确保农业生产和粮食安全。图2-1显示，在随后的几年中，随着农业劳动力数量的增加，农业生产也得到了恢复性增长。可见，在农业生产率低下的情况下，农村劳动力的供给对于农业生产非常重要，在当时为保证国家粮食安全，严格限制农村劳动力流动也是一种必然选择。

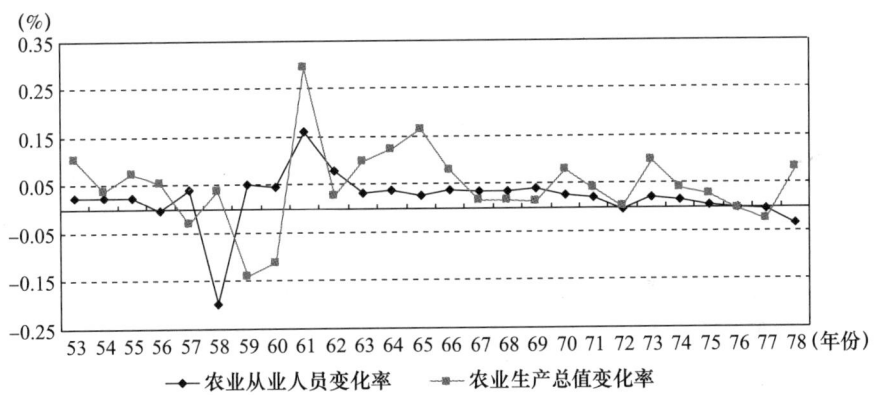

图2-1 农业总产值和农业从业人员变化关系

注：农业生产总值变化率为当年农业生产总值相对于上一年的变化率，农业从业人员变化率计算方法相同。

资料来源：国家统计局国民经济综合统计司：《新中国五十年统计资料汇编（1949~1999）》，中国统计出版社，1999年版。

第二，工农业增长与农业劳动力数量。新中国成立后，尽管工业在很短的时间内得到了较大发展，并迅速建立起了完整的工业体系（韩俊，1994），但这一战略违背了经济发展规律。由于政策向工业的高度倾斜，使得工业增长速度远远高于农业增长速度，1977年全国农业总产值为942.1亿元，是1952年农业生产总值的2.74倍，年均增长4.12%，1977年全国工业总产值达到1372.4亿元，比1952年工业总产值增长了10余倍,年均增长10.24%,远高于农业年均增长率。

各国的发展经验表明,随着工业化进程推进,农业在国民经济中的份额不断下降,农业占全社会就业份额也随之降低。在不同收入水平下,农业就业份额与产值份额的变化不尽一致,发达国家农业就业份额下降快于农业产值份额下降,发展中国家农业就业份额下降幅度与农业产值份额下降幅度基本同步,中国则呈现出了低收入国家的特征,即农业就业份额下降幅度明显低于农业产值份额下降幅度,甚至出现了负向关系,社会劳动力就业结构变化严重滞后于产值结构变化。滞后的原因从历史上看,主要是政治运动阻碍了国家的工业化发展,打击了农民的生产积极性,从而降低了整体的农业生产率。

表2-2 1960~1980年不同收入水平国家农业就业与产值份额下降幅度对比

国家类型	农业就业份额下降幅度(%)	农业产值份额下降幅度(%)
发达国家	12	3
中等收入国家	17	9
发展中国家	13.5	13.6
低收入国家	5	12
中国	-3.2	5.48

资料来源:陈吉元:《论中国农业剩余劳动力转移:现代化必由之路》,经济管理出版社,1991年版第70页。

从产业结构看,综观新中国成立后的经济发展历程,就业结构的变化明显滞后于产业结构的变化。1952~1977年的25年间,我国农业总产值在社会总产值中的份额下降了21.1个百分点,而农业就业份额则从1952年的83.5%变为1978年的73.8%,仅下降9.7个百分点(见表2-3)。农业劳动力就业结构的微弱变化,使得全社会就业结构与产业结构间出现偏差,并且随着第二、第三产业产值的增加和农业产值的减少,就业结构与产业结构的不协调性越来越明显(见表2-4)。这表明农业劳动力向第二、第三产业的流动规模非常小,大量的劳动力滞留在农业和农村,农村劳动力转移基本处于停滞状态。

表2-3 改革开放前我国就业结构的演变

年份	社会劳动力总数（万人）	第一产业		第二产业		第三产业	
		人数（万人）	比重（%）	人数（万人）	比重（%）	人数（万人）	比重（%）
1952	20729	17317	83.5	1531	7.4	1881	9.1
1957	23771	19309	81.2	2142	9.0	2320	9.8
1958	26600	15490	58.2	7076	26.6	4034	15.2
1962	25910	21276	82.1	2059	8.0	2575	9.9
1965	28670	23396	81.6	2408	8.4	2866	10.0
1970	34432	27811	80.8	3518	10.2	3103	9.0
1975	38168	29456	77.2	5152	13.5	3560	9.3
1978	39856	29421	73.8	6074	15.2	4361	11.0

资料来源：韩俊：《跨世纪的难题：中国农业劳动力转移》，山西经济出版社，1994年版第122页。

表2-4 1978年以前我国三次产业就业结构与产值结构的偏差变化

年份	1952	1957	1960	1962	1965	1970	1975	1977
第一产业（%）	32.6	40.2	42.3	42.0	41.2	44.2	41.9	45.1
第二产业（%）	-13.8	-20.8	-29.7	-23.8	-27.8	-29.9	-31.2	-32.3
第三产业（%）	-18.8	-19.4	-12.9	-18.2	-13.4	-14.3	-10.7	-12.8

注：表中的偏差由相应的就业份额与产值份额之差衡量。

资料来源：根据《新中国五十年统计资料汇编（1949~1999）》有关数据计算。

第三，重工业道路与农村劳动力。从当时中国的实际情况看，经济发展落后，社会存在巨大的人口压力和就业压力，社会资本缺乏，重工业优先发展战略明显背离了资源禀赋条件。为了顺利推行国家工业化，用计划经济的手段控制社会资源的流动，通过牺牲农业发展和抑制人民消费为工业发展积累了巨额资金，造成了社会资源配置的扭曲，形成了农业服务工业、农村服务城市的局面，对农村劳动力转移产生了不利的影响。

首先，重工业是资本密集型产业，资本—劳动的比例高，吸纳劳动力能力有限。改革开放以前，工业得以快速发展的一个主要原因是巨额资本的投入，1952~1978年，我国投资重点放在工业，工业基础建设投资年均增长11.3%，在全民所有制工业部门增加的投资中有90%投向重工业。重工业就业弹性小，投资迅速的扩张并没有有效带动更多劳动力就业,与轻工业和第三产业相比,同样的投资规模所增加的劳动岗位少。据有关研究测算,我国重工业部门每增加1亿元投资仅能增加6389个职工,而轻工业部门在同样投资水平下可增加16453个职工,是重工业部门的近3倍。可见,向重工业倾斜的政策抑制了社会的就业需求。

其次,优先发展重工业的政策导向要求社会资源、资本等高度集中,势必导致农业、轻工业和人民消费的削弱。新中国成立初期的工业发展吸纳了部分农村劳动力进城就业,农业劳动力的流入一方面给城市带来了巨大压力,也严重影响了农业生产,引发了全国范围的粮食安全问题,于是农村劳动力在经历了短暂的自由流动之后,就一直被严格控制在农村范围内从事集体农业生产,农产品剩余则通过统购统销制度为城市劳动者提供廉价食物供给,同时受到限制的还包括城市第三产业和农村非农产业的发展,这样,农民的非农就业机会和消费水平都被削弱了,其劳动积极性也在下降,尽管大量农村劳动力被组织起来从事农业生产和基础设施建设,但其生产效率很低,农业剩余劳动力隐性化趋势明显。

四、改革开放以来的新时期(1978年至今)

改革开放以来,我国农村劳动力转移取得了举世瞩目的成就,也经历了一个复杂的变迁过程(见图2-2),按照就业地域选择的变化,大体可以划分为以下几个阶段。

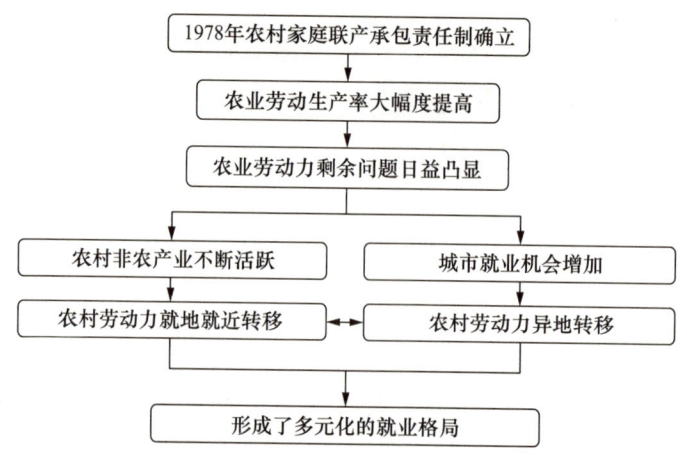

图2-2 改革开放后我国农村劳动力转移的演变

1. 就地就近转移（1978～1991 年）

1978 年 12 月召开的党的十一届三中全会实现了全党的工作重点向经济建设方向的转移，确立了社会主义建设时期的正确路线，形成了一系列符合实际的方针、政策。特别是家庭联产承包责任制的推行，从根本上扭转了农业生产的长期被动局面，农民的种粮积极性空前提升，我国粮食短缺问题基本解决。1984 年我国粮食产量达到 40731 万吨，比 1978 年的粮食产量增加了 10254 万吨，增幅为 33.64%，与改革前相比有了大幅度增长，但与此同时大量农村劳动力由隐性转为显性，寻求非农就业机会，农业剩余劳动力问题突出。

正是在这样的历史机遇面前，乡镇企业以其特有的方式爆发出来，其发展之迅速超出人们的想象。这与政策环境的变化密不可分。在三中全会上提出、在 1979 年 9 月召开的四中全会上通过的《中共中央关于加快农业发展若干问题的决定》中提出："社队企业要有一个大发展，逐步提高社队企业的收入占公社三级经济收入的比重。"1984 年 3 月 1 日，中共中央、国务院转发农牧渔业部《关于开创社队企业新局面》的报告，即著名的中发〔1984〕4 号文件，提出：第一，文件将社队企业正式改名为乡镇企业，由原来的"两个轮子（社办、队办）"改变为"四个轮子（乡办、村办、联户办、户办）"同时发展，由主要是农副产品加工产业改变为六大产业（农、工、商、建、运、服）同时并进，采取了"多轮驱动，多轨运行"，"多业并举"；第二，突破了"三就地"（就地取材、就地生产和就地销售），广泛进行外引内联，市场得到极大拓宽；第三，文件极其明确地指出了发展乡镇企业的意义作用，制定了指导乡镇企业发展的总方针，提出了开创乡镇企业新局面的历史任务，并对乡镇企业的若干政策问题做出了规定。这些政策的出台具有重要的意义，虽然各方面的看法还不完全一致，但毕竟得到了正式认可，取得了合法的地位，乡镇企业从此走上了发展的快车道。到 1983 年，乡镇企业就业人数达到 3235 万人，总产值为 1019 亿元，发放工资总额为 176 亿元，分别比 1978 年增长 14.4%、97.9% 和 102.3%。1984～1988 年是乡镇企业超速发展的五年，1988 年乡镇企业总产值达到 7018 亿元，就业人数 9545 万人，企业个数 1888 万个，分别比 1983 年增长了 5.9 倍、1.9 倍和 12.9 倍。1989～19913 年的治理整顿，国家通过紧缩政策对国民经济的增长规模和速度进行总体控制，放慢经济发展的脚步。宏观政策的调整使乡镇企业发展受到了很大的冲击，大批乡镇企业停产停业，大量劳动力回流到农业。乡镇企业的发展暂时处于徘徊期,但潜力仍在。1991年乡镇企业总产值达到11622亿元,就业人数9616万人,企业个数1909万人,虽然相比1988年发展明显受阻,但经过市场锤炼的乡镇企业将更有生命力,发展也将更加理性,这从其后来的表现可以看到。

乡镇企业大发展的一个突出贡献就是为广大农村劳动力创造了大量非农就业机会,由于乡镇企业在其发展早期底子薄、基础差,生产的主要是投资小、见效快的轻工业产品,走的是一条劳动密集型的发展道路,其带动就业的作用相比城市国营企业更加明显,据统计,1979~1984年,我国乡镇企业每年新增1.2个就业岗位和4100元固定资产,可增加1万元产值,而同期各类国营企业同样增加1万元产值,则需新增7460元固定资产投资,却只能新增0.4个就业岗位。① 1977~1988年乡镇企业对劳动力转移的贡献系数为0.618,而国营企业为0.212,城市集体企业为0.122,城镇个体企业为0.048。② 可以看到乡镇企业在20世纪80年代是吸引就业的主要力量。1978年,乡镇企业从业人数为2827万人,占农村劳动力总数的9.23%,到1991年达到9614万人,占农村劳动力总数的22.31%,人数增加2.4倍,所占比重增加了1.4倍,其吸纳农村剩余劳动力的能力相当巨大。农民也乐于看到乡镇企业的发展,他们可以直接投入到非农产业中,增加收入,同样他们在改革开放初期通过农业生产积累的大量财富,通过集体经济的发展也得到了增值的机会,相比低效的农业生产,工业显然更加具有吸引力(见表2-5)。

表2-5 1978~2005年乡镇企业基本情况

年份	企业 (万个)	总产值 (亿元)	从业人员 (万人)	农村劳动力 (万人)	乡镇企业从业人员占 农村劳动力比重(%)
1978	152	515	2827	30638	9.23
1979	148	561	2909	30974	9.39
1980	142	678	3000	31826	9.43
1981	134	767	2970	32637	9.10
1982	136	892	3113	33837	9.20

---

① 张琦、王秀清:《中国农民就业新探索》,贵州人民出版社,1994年版第148页。
② 谢康:《改革开放以来我国农村剩余劳动力转移的变迁》,《特区经济》,2005年第6期。

续表

年份	企业（万个）	总产值（亿元）	从业人员（万人）	农村劳动力（万人）	乡镇企业从业人员占农村劳动力比重（%）
1983	135	1019	3235	34785	9.30
1984	607	1710	5028	34676	14.50
1985	1222	2728	6979	37065	18.83
1986	1515	3583	7937	37976	20.90
1987	1750	4946	8805	38960	22.60
1988	1888	7018	9545	40105	23.80
1989	1869	8403	9366	40545	23.10
1990	1873	9581	9262	42010	22.05
1991	1909	11622	9614	43093	22.31
1992	2092	18051	10581	43802	24.16
1993	2453	29022	12345	44256	27.89
1994	2495	45378	12017	44654	26.91
1995	2203	68915	12861	45042	28.55
1996	2336	76778	13508	45289	29.83
1997	2099	82363	13050	45962	28.39
1998	2004	96694	12537	46432	27.00
1999	2071	108426	12704	46897	27.09
2000	2085	116150	12820	47964	26.73
2001	2132	—	13086	49085	26.66
2002	2185	140434	13288	48960	27.14
2003	—	152360	13573	48793	27.82
2004	2250	172516	13866	48724	28.46
2005	2314	—	14272	48494	29.43

资料来源：根据历年《中国乡镇企业年鉴》《中国统计年鉴》整理所得。

由于乡镇企业多集中在农村附近，农民对就业地点的选择主要还是在本地，此时农户经营的状态主要是兼业型。20 世纪 90 年代初的一项研究显示，其调查的 468 户农户中有 81% 都不同程度兼业，非农生产的劳动力有 90.5% 兼顾农业生产。① 虽然在20世纪80年代中期以后,随着改革延伸到城市,国营、集体企业开始发生变化,小型工业、建筑、商业等城市非公有制经济发展起来,农村劳动力逐步开始了异地转移。东部沿海地区是改革的先导,经济的发展首先带动了当地农村剩余劳动力的就业,随着需求的扩张,大量中西部地区农村劳动力也开始涌向了东部的第二、第三产业,开启了跨区域转移之门。以广东东莞为例,1988年东莞32万外来劳动力中有近30%来自外省区。从20世纪80年代整体来看,农村劳动力转移的规模和增长幅度相当突出(见表2-6),然而此时的转移主要还是以向本地乡镇企业转移的方式进行的。据统计,1986年,农村劳动力内部转移的占87%,转入城市的仅占13%,而县内转移的占76.2%,县外的占23.8%(见表2-7)。然而,此时农村劳动力的转移是非常不平衡的,东部沿海大中城市的经济发展带动了周围农村劳动力的快速转移,而广大中西部不发达地区农村劳动力转移的进程则比较缓慢。据统计,1978~1992年,仅江苏、浙江、广东三省转移农村劳动力总量就达2700万人,而西南和西北总共才转移了937万人,分别占全国转移总量的41.7%和14.4%,区域间的差异非常明显。

表2-6 1979~1988年我国农村劳动力转移情况

年份 指标	1979	1980	1981	1982	1983	1984	1985	1986	1987	1988
转移规模(万人)	3409	3848	4130	4354	4912	6583	7559	8534	9309	9950
增长(%)	3.4	12.9	7.3	5.4	12.8	34.0	14.8	12.9	9.1	6.9

资料来源:邹农俭:《中国农村城市化研究》,广西人民出版社,1998年版。

表2-7 1986年全国222个村农业劳动力地域转移方式

转移方式或去向	人数(万人)	比重(%)
一、转移总数	70216	100.0
1. 就地就近转移	43223	61.6
2. 异地转移	26993	38.4
二、异地转移	26993	38.4

---

① 韩俊:《跨世纪的难题——中国农业劳动力转移》,山西经济出版社,1994年版第174、175页。

续表

转移方式或去向	人数（万人）	比重（%）
1. 本县外乡农村	5606	8.0
2. 本省外县农村	6513	9.3
3. 本省农村	1062	1.5
4. 农村集镇	1418	2.0
5. 县城及建制镇	3255	4.6
6. 中小城市	7941	11.3
7. 大城市	1024	1.5
8. 国外劳务输出	174	0.2

资料来源：庹德昌：《全国百村劳动力情况调查资料集》，中国统计出版社，1989年版。

产生20世纪80年代这种转移格局的原因很多，有历史的原因也有现实的原因，有农民自身的原因也有外部的原因，就地就近转移的结果是其综合作用的结果。

第一，城乡之间、农业和非农产业之间的差距是农村劳动力转移的最大动力。然而，在过去相当长的一段时间里，这种巨大的动力被诸多因素压抑下来。改革开放以来，家庭联产承包责任制广泛推广，使得农户取代生产队成为微观经济主体，拥有了独立的生产自主权、经营决策权、产品销售权、收入分配权和就业选择权，农民走向非农的集体约束被取消了。此外，1984年，中共中央一号文件，允许务工、经商、办服装业的农民自带口粮在城镇落户，继而国务院又发出《关于农民进入集镇落户问题的通知》，准予部分农民落常住户口。农民自此可以相对自由地进入城市，城乡二元格局对农民的约束大大减少。限制的松动，在短短几年的时间就产生了巨大效应，大批农村劳动力通过乡镇企业的形式转移到非农产业。

第二，从改革初期的短短6年时间里，我国粮食短缺问题基本解决。1984年我国粮食产量达到40731万吨，比1978年增加了10254万吨，增幅为33.64%，棉花总产量增幅达188.8%，油料总产量增幅达128.8%。农业生产率的提高使更多农村劳动力从土地上解放出来，充足的粮食供给更为其从事非农就业提供了坚实的物质基础。

第三，作为20世纪70年代社队企业延伸的乡镇企业，其从产生之日起就表现出强大的生命力和发展潜力,特别是在1978年改革开放为其解除了制度性的约束后,其发展更加蓬勃。乡镇企业的异军突起,在带动国民经济迅速发展的同时,造就了大量非农就业机会。从长远看,乡镇企业的发展和农村劳动力的转移两者互为因果,不仅仅是企业为农民带来就业机会,农民作为乡镇企业发展的主体,也是其发展的根本动力。农民的积极性和企业发展环境的改善两者相互促进,共同推动了乡镇企业的快速发展。

第四,自身限制性因素。从农民自身讲,小面积土地在给农民带来保障的同时也限制了农民的活动空间,其经济活动往往围绕着这块土地展开,随着人口的增加,土地细分化的趋势将会更加明显,但即使土地在缩小,大部分农民还是将其视为最基本的生活保障,不愿彻底放弃,这就使得农民与农村的联系变得非常牢固。此外,家庭作为农民进行经营行为的出发点和落脚点,其对于农民就业地点的选择起到非常大的作用,基于家庭和家族等传统农业社会结构而延伸出的乡土情结和保守思想,在某种程度上也影响农民的择业决策。

第五,外部限制性因素。20世纪80年代城市企业吸纳的主要还是城市剩余劳动力,其创造的就业机会也相当有限,更无法为农民大量提供。此时的城乡二元结构虽已松动,但仍然对农民有很大限制,农民进入城市后的发展机会、生活基础难以得到保障。此外,交通设施相对落后的状态,使得农村劳动力的外出就业极为不便,也限制了农民的异地转移。

总体上看,选择在农村附近以土地和农业为保障到乡镇企业工作,在当时是农民的最佳选择。

2. 全面转移(1992~2002年)

1992~1996年是改革开放后农村劳动力转移迎来的第二个高峰,农村劳动力外出就业规模迅速增长,1992~1996年,平均每年转移劳动力增加超过800万人,年均增长8%。[①] 1992年邓小平同志南方谈话的发表和十四大的召开推动了我国计划经济体制向市场经济体制转轨,解除了企业姓"资"姓"社"的思想禁锢,确立了各种经济成分在经济活动中的合法地位,极大地促进了多种所有制企业的发展,也带动了农村第三产业的兴起。乡镇企业在经历了三年徘徊期后率先活跃起来,显示出更加旺盛的生命力,吸纳了大量农村劳动力就业。1992年

---

① 资料参考于http://www.nmpx.gov.cn/gongzuoyanjiu/t20040708_21590.htm,2007年10月。

乡镇企业总产值为18051亿元,从业人数为1.06亿人,到1996年,乡镇企业总产值达到76778亿元,从业人员达1.35亿人,分别增长了325.3%和27.4%。然而,1992年以后农村劳动力转移最大的变化,即异地转移代替就地就近转移逐渐成为农村劳动力转移的主体。大量农村剩余劳动力由中部、西部地区流向经济发达的东部。我国的改革是从东部开始逐步向内地延伸,特别是在东部沿海地区建立了"经济特区",以达到以点带面、先富带动后富的作用,从一开始东部沿海地区与内地的发展就存在着巨大差距,东部的发展带动了对劳动力的需求,最早是吸纳本地区劳动力,随着经济发展壮大,逐渐开始吸纳大量外地农村剩余劳动力。20世纪80年代末特别是90年代以后不断涌现的"民工潮"现象,正是这种异地转移的突出表现。20世纪80年代初我国农村外出打工者不过几百万人,到90年代初则超过2500万人,到2002年异地转移的农村劳动力已超过8000万。国家统计局1%人口抽样调查(1996年)显示,1995年外出就业规模达1.49亿人,其中县外就业劳动力占53.0%。

1997年正值我国经济刚刚成功实现软着陆,国有企业正在进行大规模改制重组,此时爆发的东南亚经济危机给中国经济带来了很大冲击,城市就业压力巨大,消费低迷,城市下岗职工再就业问题突出,经济总体出现通货紧缩。乡镇企业也随之开始调整,其发展面临着前所未有的困境,主要表现在以下几个方面:①发展速度放慢。1997年产值增长18%,增幅比"八五"平均水平低24.3个百分点。②出口增长大幅下降。1997年增长16.5%,增幅比"八五"平均水平低46.9个百分点。③外资引进增量减少。1997年增长12%,增幅比"八五"平均水平低61个百分点。④亏损面扩大。1997年全国乡镇企业亏损面为8%,比1996年有所增加。⑤吸纳农村剩余劳动力的速度减缓。1997年、1998年全国乡镇企业吸纳劳动力减少971万人。针对这些问题,国家开始实施积极的财政政策刺激经济增长,据统计,1998~2000年,国家共增发了3000多亿元国债,带动了银行贷款和自筹资金6000多亿元,建设了近6000个项目,总投资规模达到30000多亿元,一大批水利、交通、能源、环保工程相继建成。这些政策在刺激增长的同时,也带给农村剩余劳动力大量就业机会,极大缓解了乡镇企业滑坡导致的农村劳动力就业不足的困难,成为农村劳动力转移的新亮点,从而影响了农村就业格局的演变。

从产业结构上看,20世纪90年代农民从事非农产业的主体逐渐由第二产业转向第三产业。这与改革开放以来我国经济产业结构和就业结构的演变密切相关,三次产业结构由1978年的28.2∶47.9∶23.9发展为2006年的11.7∶48.9∶39.4,三次产业就业结构由1978年的70.5∶17.3∶12.2变为2006年的42.6∶25.2∶32.2,农业产值和就业份额分别下降了16.5%和27.9%,而第二产业和第三产业份额则不断上升(见表2-8)。从图2-3可以看到,1990年以后第三产业从业人数大幅增加,据统计,1990年从事第二产业和第三产业的人数比1985年分别增加了22.7%、38.0%,2002年从事第二产业和第三产业的人数比1990年分别增加了57.1%、131.3%。可见第三产业已成为吸纳农村剩余劳动力的重要力量。

表2-8 1952~2002年我国三次产业产值结构和就业结构变化

指标 年份 产业	产值结构(%)			就业结构(%)		
	1952	1978	2002	1952	1978	2002
第一产业	50.5	28.2	13.4	83.5	70.5	50.0
第二产业	20.9	47.9	44.3	7.4	17.3	21.4
第三产业	28.6	23.9	42.3	9.1	12.2	28.6

资料来源:根据历年《中国统计年鉴》整理得出。

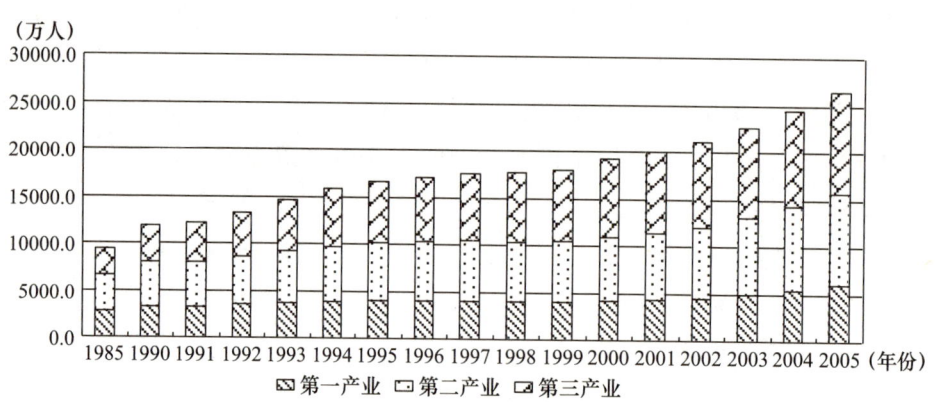

图2-3 1985~2005年我国农村从业人员三次产业分布

资料来源:根据历年《中国统计年鉴》整理得出。

可见，这一时期的农村劳动力开始形成多元化多层次的全面转移格局，就业地域本地、异地兼备，就业方向第二产业和第三产业兼具，虽然存在不少阻力，但总体上看，这一阶段农村劳动力外出就业的规模依然不断扩大，年平均增长500万人左右，年平均增速约4%。国家统计局农调队农村住户抽样调查（2001）显示：1997年农村转移劳动力占农村劳动力总数的18.1%，农村转移劳动力总数为8315万人，2000年分别为23.6%、11340万人，到2002年已达26.3%、13740万人，农村劳动力转移在稳步增长中全面展开。

这种全面转移格局的形成具有深刻的历史与现实背景，针对1992~2002年这10年的新变化，至少有以下几点值得关注。

第一，城市改革的推进和东部发达地区的加快开放，促进了城市和东部地区的率先发展，为越来越多的农村剩余劳动力提供了就业机会，这些地区的发展不仅转移了当地农村剩余劳动力，而且为不发达地区农村劳动力转移创造了条件，每年上千万的"民工潮"的目的地主要就是这些区域。

第二，乡镇企业因素。首先，乡镇企业的发展分别在1989~1991年和1996~1998年两个阶段进行调整，不少乡镇企业破产重组，也有不少企业通过改善管理、改进技术等手段走资本深化的道路生存下来，总体吸纳农村剩余劳动力的能力有所降低（见表2-5），在这种情况下不少农民开始走出家门，到外地寻找发展机会。此外，乡镇企业的发展存在巨大的区域差异，东部地区基础好、起步早，乡镇企业后期发展很快，相比中西部地区，其吸纳劳动力的能力和从业收入都很有优势，这种不平衡也成为中西部地区农村劳动力转移的巨大动力。

第三，制度约束的进一步改善。进入20世纪90年代以后，国家在劳动用工制度、户籍制度等方面相继进行了改革。党的十四届三中全会决定中明确指出："要积极鼓励和引导农村剩余劳动力逐步向非农产业转移和地区间的有序流动。"1994年，国家取消户口按商品粮为标准划分为农业和非农业户口的"二元结构"，而以居住地和职业划分为农业和非农业人口，建立以常住户口、暂住户口、寄住户口三种管理形式为基础的登记制度，并逐步实现证件化管理。2001年3月，国务院批转了公安部关于推进小城镇户籍管理制度改革意见，小城镇的户籍制度改革全面推开。政策环境的改善为农村剩余劳动力的异地转移提供了坚实的制度保证。

第四，20世纪90年代以来商品经济的蓬勃发展促进了产业结构的进一步调整，特别是城市第三产业的兴起，在很大程度上改变了农村劳动力的就业格局。第三产业发展的经济社会效益显著，对于促进经济发展方式转变、增强经济发展活力、满足人民群众物质文化需要、吸纳更多人员就业、增强城市产业支撑，都具有极其重要的意义。城市第三产业为广大农村劳动力提供了大量的非正规就业机会，成为巨大的就业蓄水池，也成为农村劳动力向城市正规部门转移的过渡。

第五，20世纪90年代以后，我国明显加快了高速公路、国道主干线、西部开发省际通道、农村公路、沿海港口等交通基础设施建设，到2005年全国公路总里程达到160万公里，公路网密度达到每百平方公里16.7公里，其中，西部地区公路总里程达到65万公里，高速公路超过2.5万公里，二级以上公路里程达到28万公里，全国99.5%的乡镇和93.0%的行政村通公路。铁路运输条件和能力也得到明显改善，"九五"期间累计完成旅客周转量19374亿人公里，比"八五"期间增长16.6%。交通条件的改善，极大方便了农民的出行，也为农村劳动力的外出就业创造了条件。

总体上看，1992~2002年中国经济社会的发展从根本上带动了农村劳动力大规模转移，并带动了转移结构的变化，异地转移在各方面条件的综合作用下开始凸显出来，逐渐成为带动农村劳动力转移的新的增长点。与此同时，就地就近转移也在发生深刻变化，就业质量、就业结构和就业产业都得到进一步优化，其适合国情的灵活性随着国民经济的起伏表现得非常突出。这一阶段里，就地就近转移与异地转移共同构成了农村劳动力全面转移的有机组成。

3. 优化转移（2003年至今）

2003年以来，在党和国家一系列顺应时代发展的政策推动下，我国经济快速发展，经济总量迅速增加，农村劳动力转移规模持续扩大。2003~2015年，我国GDP由13.5万亿元增加至68.9万亿元，年均增长14.5%；进出口总额由8509.9亿美元增加至39530.3亿美元，年均增长13.7%。伴随着经济增长，尤其是劳动密集型产业的发展，带动了我国农村劳动力的转移就业，2015年农民工数量为2.77亿人，比2002年翻一番。这一阶段我国城乡二元格局正被打破，城乡统筹发展不断推进，就业环境不断改善，农民进城务工的制度性限制越来越少，职业培训得到普及，农民工就业质量不断提升，工资水平不断提高。与此同时，农业的发展也为农村劳动力外出就业提供了更有利的条件。现代农业不断发展,农业生产力大幅提高,农民的专业化程度不断提高,农民经济合作组织作用更加突出,农业产业化规模化生产形成趋势。在我国农村劳动力在继续扩大转移规模的同时,国家适时出台了一系列鼓励农村劳动力就地就近转移和回乡创业的政策,回乡创业就业的农村劳动力规模也在不断扩大。

早在20世纪90年代末,就有不少农民工带着在城市积累的资金、经验,返回家乡进行创业,到2003年以后,这种方式的回流更加普遍,特别是2008年国际金融危机的爆发,东部沿海城市的就业受到影响,返乡就业成为大城市就业的缓冲,为稳定农民工就业发挥了重要的作用。2015年,在乡镇内就业的农村劳动力为1.09亿人,比2000年增加23.49%,占农民工总量的39.15%;在省内乡外流动的农民工有0.91亿人,占农民工总量的32.94%。近年来,农村劳动力转移就业数量增速逐渐放缓,2015年农民工数量同比仅增1.28%,增速比2011年下降3.1个百分点,而本地转移就业的劳动力增速加快。随着统筹城乡发展、县域经济活跃以及农村基础设施的改善,越来越多的农民工愿意回乡就业,甚至还有一些农民工带着技术、管理经验回乡开拓市场、进行创业,既活跃了农村经济,又拓宽了当地农民的就业渠道。特别是现代农业的发展,融合了第二产业和第三产业的元素,成为农业经济的新增长点,为农民工返乡创造了新的就业机会。2015年,国务院办公厅印发了《关于支持农民工等人员返乡创业的意见》,意见的出台为农民工返乡创业、就业创造了更好的环境,未来会有更多的农民工加入到返乡创业就业的队伍。

可以说,产生这些新的变化,既有经济环境改善的作用,同样也离不开政策措施的正确引导。随着经济社会改革的深化,农村劳动力转移的结构和质量也将得到进一步优化。

第二节 历史的总结和思考

现实中总是蕴含着历史的影子,特别是在中国。我国农村劳动力的大迁移本质上就是亿万勤劳的农民为了改变自身命运所做出的现实选择,他们或背井离乡远离故土,或固守家园兼业谋生,希望用自己的努力或多或少地改善自己及其家庭的生活生产条件。这种选择随着时间的演变体现出不同的阶段性特点，特别是工业化以来生产力水平的提高以及新中国成立以来计划经济体制的确立对其影响尤为巨大，但从根本上看，做出这种选择的人——中国农民，以及选择的外部条件——中国的经济社会，是具有很强的历史延续性的。我们既不能把新中国成立前的经济社会看作生产力发达的典范，同样也不应将其看作封闭停滞的僵死体系，而应采取一种客观分析的态度，深入到当时的经济社会背景中，实事求是地考察历史发展的规律以及与现实的联系。

在我们看来，中国农村劳动力的转移特别是就地就近转移具有非常丰富的历史内涵：在整个封建社会，特别是在明清商品经济较为发达的时期，农民在从事农业的同时就近兼业的选择相当频繁，虽然从事的主要还是手工业生产和农业雇工，但农民外出兼业在当时非常普遍；随着封建社会后期土地兼并的加剧以及西方资本主义的入侵，外加战乱频发，中国传统的小农经济及其附带的简单商品经济不断走向没落，农民就业的方式也在发生改变，越来越多的农民走向破产成为失地流民，或者流浪他乡走向新兴城市饱受资产阶级剥削，或者变为贫农加入雇农大军饱受封建地主压迫，原本自给自足男耕女织的"农业+兼业"的小农经济模式受到极大打击；1949年中华人民共和国成立后，国家借鉴苏联工业化的经验实施计划经济体制，在初期允许部分农民流向城市，以弥补城市劳动力不足的局面。1958年"大跃进"时期大量农村劳动力被盲目抽调到工业部门大炼钢铁、大兴土建，造成了农村劳动力的极大浪费，也部分导致了20世纪60年代初期的粮食减产。三年自然灾害后中央政策的调整非常重要的一个方面就是压缩城市人口，缩减公社工业，保证农业生产劳动力，增加粮食生产，以前转移出去的农民大多回到农村和农业，还有不少城市青年被安排下乡支持农业生产，此时的劳动力非农转移几乎陷入停滞。70年代后，社队企业（乡镇企业的前身）的兴起，带给了农民更多的本地非农就业机会，很多农民实现就地就近转移，特别是1978年改革开放以来，乡镇企业不断蓬勃发展，到80年代初期已占据了国民经济的半壁江山，大量农村劳动力在乡镇企业的发展壮大中锻炼了自己，得到就近从事非农产业的机会，为后来的大规模跨区域流动打下了基础。80年代末，随着社会主义市场经济体制的不断完善，城市改革的不断推进，大量农村劳动力开始走向城市、走向异地，农民就业的地域大大拓展，"民工潮"开始涌现，农村劳动力为城市的发展做出巨大贡献。然而，农民和故乡的天然联系却并未被割断,在新的时期反而体现出一些新特点,农民就业的结构也在不断优化。许多农民选择留在家乡,在照顾农业生产和家庭的同时,从事非农产业,或是专攻农业开展产业化经营,也有不少农民带着在城市积累的资金、经验、技术回到家乡发展,农村劳动力从异地到本地间的流动正在加强,农民外出择业的想法也在走向理性。

正如《纽约时报》2008年3月10日题为"中国工人挑剔,终结廉价劳力"的报道中所讲的那样,"中国国内经济权力也开始从雇主转向雇员。广东劳动部门统计显示,11%的农民工在春节后没有返回工厂。这种变化在河南郑州一场招工会中可见端倪。河南本地工厂对河南农民工有很大吸引力。23岁的张石磊去年在广州一家机械制造厂打工。他说:'河南本地企业工资肯定不如南方高,但差别不大,而且这里的生活成本远远低于南方。中国内地正快速发展,我们应该能够在这儿找到工作。另外,我也想离父母近点。'"这样的回答很能说明今天的问题,经济在平衡发展,农民在进步,时代也在前行。

2015年6月,国务院印发《关于支持农民工等人员返乡创业的意见》后,各地也纷纷出台农民工返乡创业的政策,农村电商、乡村旅游、农民工创业园蓬勃兴起,不仅使农民增收致富,更带动了农民工返乡创业热潮。例如,陕西省武功县,农村电商正在吸引越来越多的打工青年、大学生返乡创业。目前武功全县个体网店已有600余家,电商从业人数近万人,带动了2.5万人间接就业,其中包括1000多户40岁以上的农民。安徽省阜阳市人口大约1050万人,有280多万人在外务工。通过营造宽松的政策环境,以市场需求对接项目,支持发展现代农业,一大批农民工、大学生选择返乡创业。截至2015年底,阜阳市返乡创业累计已达3.66万人,创办各类经济实体2.17万个,带动就业31.6万人。① 如今,留守老人和留守儿童问题的显现,一些外出务工人员不得不重新审视自己的外出打工生活,越来越多的农民工愿意留在家乡。

从总体上看,我国农村劳动力转移在不同的历史时期具有不同的特征,但其历史的连续性也不容置疑,从历史纵深来理解现实,可以发现,新时期农村劳动力转移的本质和答案,其实就蕴含在历史之中,这其中有几点值得深思:①现代化和农村劳动力转移两者存在何种关系?②本地兼业在历史上长期存在,与现在

---

① http://news.xinhuanet.com/2016-02/18/c_1118085840.htm,2016年3月1日。

的就地就近转移有何异同，对今天有何启示？③乡村工业过去和未来发展的道路对农村劳动力就地就近转移产生何种影响？④集体土地制度、城乡户籍制度等因素对于农民就业地点的选择起到何种作用，如何改革才能起到更好的效果？⑤本地和异地就业之间应当存在一种什么样的关系，才能实现两者的良性互动？我们将带着这些问题，进入下一章节的探讨，并试图通过对历史与现实的分析得出本书的判断。

第三章　农村劳动力就地就近转移的现实考察

2003年以来，我国进入新一轮的经济增长期，党和国家出台了一系列顺应时代发展的大政方针。国家加强了城乡统筹力度，进一步加大了对"三农"的政策支持。2006年全面取消了农业税，稳步推行了种粮直接补贴、良种补贴、农资综合补贴和农机补贴的"四补贴"政策，全面免除农村义务教育学杂费，建立健全农村医疗和社会保障制度，农村的生产、生活状况得到极大改善。党的十八大又提出了"四化同步"的目标，即坚持走中国特色新型工业化、信息化、城镇化、农业现代化道路。其中，新型城镇化的发展要依托县域经济和中小城镇发展，逐步提高中小城镇的户籍人口城市化率。近年来还出台了破除二元经济结构的制度性障碍，逐步探索户籍制度改革，推进中小城市的落户问题。农村劳动力就地就近转移正是顺应了这一时代要求，为小城镇发展提供了基础和空间。近年来，我国农村劳动力就地就近转移出现了一些新特点，本章试图通过对近几年数据的整理和分析，分别从宏观角度和微观角度揭示出近年来我国农村劳动力本地非农就业的整体状况及其发展趋势，从现实出发展开论述县域范围内农民本地就业在新形势下所展现出来的新活力。

第一节 农村劳动力转移就业的政策背景

一、政策环境不断改善

为促进农村劳动力转移，改善农村劳动力就业环境，中央出台了一系列的政策推动农民转移就业。2006年国务院发布了《国务院关于解决农民工问题的若干意见》（国发〔2006〕5号）。重点提出了抓紧解决农民工工资偏低和拖欠问题，依法规范农民工劳动力管理，搞好农民工就业服务和培训，积极稳妥地解决农民工社会保障问题，切实为农民工提供相关公共服务，促进农村劳动力就地就近转移就业，以及加强和改进对农民工工作的领导。2014年国务院又出台了《进一步做好为农民工服务工作的意见》（国发〔2014〕40号）。目标是到2020年，转移农业劳动力总量继续增加，每年开展农民工职业技能培训2000万人次，农民工综合素质显著提高、劳动条件明显改善、工资基本无拖欠并稳定增长、参加社会保险全覆盖，引导约1亿人在中西部地区就近城镇化，努力实现1亿左右农业转移人口和其他常住人口在城镇落户，未落户的也能享受城镇基本公共服务，农民工群体逐步融入城镇，为实现农民工市民化目标打下坚实基础。提出要着力稳定和扩大农民工就业创业，着力维护农民工的劳动保障权益，着力推动农民工逐步实现平等享受城镇基本公共服务和在城镇落户，着力促进农民工社会融合，以及进一步加强对农民工工作的领导。2015年国务院办公厅印发了《关于支持农民工等人员返乡创业的意见》（国办发〔2015〕47号），通过大众创业、万众创新使广袤乡镇百业兴旺，可以促就业、增收入，打开新型工业化和农业现代化、城镇化和新农村建设协同发展新局面。意见支持通过促进产业转移、推动输出地产业升级、输出地资源嫁接输入地市场、引导第一、第二、第三产业融合发展、支持新型农业经营主体等方式带动农民返乡创业。同时提出了健全基础设施和创业服务体系以及降低返乡创业门槛、落实定向减税和普遍性降费、加大财政支持、金融服务等政策措施。

2004~2014年的中央1号文件也对促进农民转移就业做出了具体要求。2004

年的中央 1 号文件提出清理和取消农民进城就业的歧视性规定、各种手续和不合理收费，落实农民工职业培训、子女教育、劳动保障及其他服务政策，保障农民工基本权益。2005 年中央 1 号文件提出要全面开展农民职业技能培训，进一步搞好农民转业转岗培训工作。2006 年继续提出要保障务工农民的合法权益。进一步清理和取消各种针对务工农民流动和进城就业的歧视性规定和不合理限制。建立健全就业公共服务网络，为外出务工农民免费提供法律政策咨询、就业信息、就业指导和职业介绍。严格执行最低工资制度，建立工资保障金等制度，解决农民工工资偏低和拖欠问题。完善劳动合同制度，加强务工农民的职业安全卫生保护。2007 年中央 1 号文件强调了农民转移就业培训，加大培训支持力度，提高补贴标准，充实培训内容，创新培训方式，完善培训机制。按照城乡统一、公平就业的要求，进一步完善农民外出就业的制度保障。2008 年进一步强调全面加强农民工权益保障，包括统一规范的人力资源市场、大中城市户籍制度改革、健全农民工社会保障制度、农民工居住条件改善、子女入学等。2009 年针对农民工就业困难和工资下降等问题，引导企业稳定就业岗位，城乡基础设施建设和新增公益性就业岗位向农民工倾斜，采取以工代赈等方式引导农民参与农村基础设施建设，落实农民工返乡创业政策等。2010 年提出努力促进农民就业创业。建立覆盖城乡的公共就业服务体系。充分挖掘农业内部潜力，通过发展特色农业、休闲农业、农村服务业，拓展农村非农就业空间。促进农民创业带动就业的政策措施。健全农民工社会保障制度，深入开展工伤保险全覆盖行动等。2013 年中央 1 号文件提出有序推进农业转移人口市民化。加快改革户籍制度，落实放宽中小城市和小城镇落户条件的政策，努力实现城镇基本公共服务常住人口全覆盖。2014 年提出要加快推动农业转移人口市民化。建立城乡统一的户口登记制度，促进有能力在城镇合法稳定就业和生活的常住人口有序实现市民化。全面实行流动人口居住证制度，逐步推进居住证持有人享有与居住地居民相同的基本公共服务，保障农民工同工同酬。

2003 年以来，农村劳动力外出就业的政策环境不断改善。总的来看，2008 年以前的政策重点在破除农民外出就业的制度性障碍，教育培训也主要集中在转岗转业培训和工业技能培训，为推动农村劳动力外出就业创造良好条件；2008 年以后的政策更加注重提高农民工就业的质量和权益保障，包括社会保障、最低工资标准、子女入学、居住、户籍制度等，以及农民工的返乡就业、创业、培训关注的内容不只集中在专业技能的培训，也加强了农业技能的培训，为农村多元化就业奠定了基础。近几年的政策主要关注农民工市民化问题，即转移农村劳动力如何真正融入城市，成为市民。

二、城乡二元结构逐渐破除

传统的城乡二元结构是指城市代表现代的工业生产部门，农村代表传统的农业生产部门，城乡之间不仅生产方式不同，而且要素配置、社会资源分配等存在较大的差异。特别是新中国成立后我国靠工农业"剪刀差"发展起来工业，造成城乡发展的巨大差距。改革开放后，随着劳动力的流动打破了城乡分割的劳动力市场，但附着在户籍制度下的社保、医疗、子女教育等公共服务仍存在较大差别，甚至在个别地方和行业存在同工不同酬等就业歧视问题。进入21世纪以来，在以工哺农、以城带乡的大背景下，城乡二元结构正逐渐打破，建立了城乡公平统一的劳动力市场，劳动力工资拖欠问题总体得到解决，农民工工伤保险、意外保险等保障基本健全，中小城镇落户条件逐渐放宽，子女就近入学的矛盾有所缓解。特别是2014年国务院提出了《关于进一步推进户籍制度改革的意见》（国发〔2014〕25号），促进有能力在城镇稳定就业和生活的常住人口有序实现市民化，稳步推进义务教育、就业服务、基本养老、基本医疗卫生、住房保障等城镇基本公共服务常住人口全覆盖。全面放开建制镇和小城市落户限制，有序放开中等城市落户限制，合理确定大城市落户条件，严格控制特大城市人口规模，重点解决进城时间长、就业能力强、可以适应城镇产业转型升级和市场竞争环境的人员落户问题。到2020年，努力实现1亿左右农业转移人口和其他常住人口在城镇落户。

三、农村劳动力转移就业社会保障不断提高

近年来，农村劳动力转移就业质量不断提高。国家统计局发布的全国农民工监测调查报告显示，2015年农民工人均月收入为3072元，比2014年增长7.2%，其中，交通运输、仓储和邮政业的收入水平最高，月均3301元。农民工收入保持了较快的增长，2008年农民工月均收入仅为1340元，2008~2015年月工资增加了1.29倍。除工资增长外，农民工权益保障也得到改善。农民外出就业相对稳定，2014年全年平均外出从业时间为10.1个月。拖欠农民工资的比例明显下降，由2008年的4.1%降至2015年的1%。参加"五险一金"的农民工比例提高，农民工"五险一金"的参保率分别为工伤保险26.2%、医疗保险17.6%、养老保险16.7%、失业保险10.5%、生育保险7.8%，分别比2008年提高了4.4个、5.4个、9.1个、6.6个和5.5个百分点。

第二节 农村劳动力就地就近转移的现状及特征

一、农村劳动力就地就近转移规模

近年来，随着经济的发展，农村劳动力转移就业规模不断扩大。2014年，我国农村劳动力转移就业人数已达2.74亿人。在转移就业的劳动力中，有56.45%农村劳动力选择了就地就近转移，而且随着劳动力转移规模的扩大，农村劳动力就地就近转移数量也在不断增加，农村劳动力就地就近转移是农村劳动力外出就业的重要组成部分。表3-1列出了2005年以来我国农村劳动力及其外出就业的基本情况。

表3-1 2005年、2010年和2014年我国农村劳动力总量和转移就业的基本情况

年份	农村劳动力总量（万人）	农村转移劳动力（万人）	比重（%）	异地转移就业劳动力（万人）	占转移劳动力比例（%）	就地就近转移就业劳动力（万人）	占转移劳动力比例（%）
2005	50387	20412	40.51	9081.30	44.49	11330.70	55.51
2010	42510	24223	56.98	11141.19	45.99	13081.81	54.01
2014	36272	27395	75.53	11929.48	43.55	15465.52	56.45

资料来源：根据国家统计局《中国统计年鉴》《全国农民工监测调查报告》和全国农村固定观察点有关数据整理。

近年来伴随着农村人口的减少，农村劳动力数量也呈现下降趋势。2005~2014年，农村人口由74544万人减少至61866万人，农村劳动力数量由50387万

人减少至36272万人,分别减少17.01%和28.01%;同期农村转移就业劳动力数量不断增加,由20412万人增长至27395万人,增幅达34.21%;农村劳动力总量不断减少的同时转移就业劳动力规模不断扩大,使得转移就业劳动力比重迅速增加,由40.51%上升至75.53%。大部分农村劳动力实现了转移就业。

在转移就业的农村劳动力中,就地就近转移与异地转移的规模同时扩大,呈现出"二分天下"的格局。近年来,就地就近转移占农村劳动力转移就业的比例在55%左右,统计显示2005年、2010年和2014年的比例分别为55.51%、54.01%和56.54%。随着转移就业规模的扩大,就地就近转移的农村劳动力数量也在不断增多。随着国家对"三农"发展的重视和支持,城乡一体化发展进程加快,小城镇、新农村建设取得进展,农村基础设施建设和条件得到较大改善。现代农业的发展和县域第二、第三产业的繁荣,为农村劳动力就地就近转移提供了就业机会,越来越多的农村劳动力选择在本地就业。特别是2008年以来受全球金融危机影响,外贸型企业受到较大冲击,再加上劳动力等要素成本的不断上涨,东部地区产业面临转型升级,一些企业从沿海发达地区向中西部地区转移。中西部地区就业机会增多,农村劳动力有更倾向于本地就业的趋势。2014年,农村劳动力就地就近转移15465.2万人,比2005年增加了36.49%,增速比异地转移劳动力的增幅增加了5.13个百分点。近年来,这一趋势更加明显,2010~2014年,就地就近转移劳动力增加了18.22%,明显快于异地转移劳动力增速11.15个百分点。

二、农村劳动力就地就近转移的区域构成

从农村劳动力就地就近转移的地区范围看,就地就近转移就业可以划分为本乡镇内和本县外乡两个区域范围。统计结果显示,在本乡镇范围内就业的劳动力占多数。但随着县域经济发展,镇外县内就业的比重不断增加。2014年,本乡镇内转移就业劳动力和本县外乡转移就业劳动力的比重分别为67.84%和32.16%(见表3-2)。农村劳动力就地就近转移就业主要集中在本乡镇范围内,这可能与农民的兼业特征有关。农民可以在农闲期间就近就业,如搞运输、打零工、服务业等。这些工作具有很强的灵活性和非正式性,农民可以自由安排自己的时间,在工作之余可以照顾家里,所以就地就近转移就业主要在本乡镇范围内。同时,这也反映出县域经济对农村劳动力非农就业的吸纳能力不足的问题。

2005年左右，我国大部分县城第二、第三产业发展滞后，再加之本身也有下岗职工和失业问题，不能有效地吸纳农村剩余劳动力就业，因此在本县乡外就业的比例不高。近年来，随着统筹城乡发展和县域经济活跃，在县内乡外就业的农村劳动力比重不断增加，2005~2014年，这一比重增加了7.58个百分点。未来，县域经济是吸纳农村劳动力就地就近转移的重点，县域经济发展的潜力有待进一步挖掘。

表3-2 农村劳动力就地就近转移区域分布情况

年份	本乡镇所占比重（%）	本县外乡所占比重（%）
2005	75.42	24.58
2010	65.81	34.19
2014	67.84	32.16

资料来源：农业部固定观察点。

三、农村劳动力就地就近转移的产业分布

笼统地讲，我国农村劳动力就地就近转移是指在县域范围内的第二产业和第三产业就业，而乡村从业人员[①]的产业分布可以粗略地反映我国农村劳动力本地就业的产业构成。改革开放之初，以乡镇企业为代表的农村非农产业的发展为我国农村劳动力本地就业提供了大量的就业机会，就地就近转移的农村劳动力主要集中在本地乡镇企业就业。随着县域经济不断发展，第三产业乡村从业人员的比重不断增加，到1994年乡村第三产业就业人员数量超过了第二产业。1978年以来，我国乡村就业人员经历了先增后降的过程，1990年达到高峰为47708万人。随着农村劳动力转移就业，乡村就业人员数量减少，2014年乡村就业人员数量为37943万人，与2005年相比减少了17.98%。从就业结构看，乡村第一产业从业人员从2002年开始不断下降，而第二、第三产业的乡村从业人员数量不断增加，2011年[②]第二、第三产业乡村从业人员数量分别为22544万人和27282万

---

① 乡村就业人员数量也包含了当地城镇户口的就业人口，用该指标主要反映乡村就业的产业结构。
② 受统计资料限制，第二、第三产业乡村从业人口数量统计截至2011年，之后不再统计。

人，比2005年增加了24.66%和14.77%，分别占乡村从业人员总量的29.50%和35.70%。乡村第二、第三产业的发展壮大逐渐成为吸纳农村劳动力本地就业的重要渠道（见图3-1）。

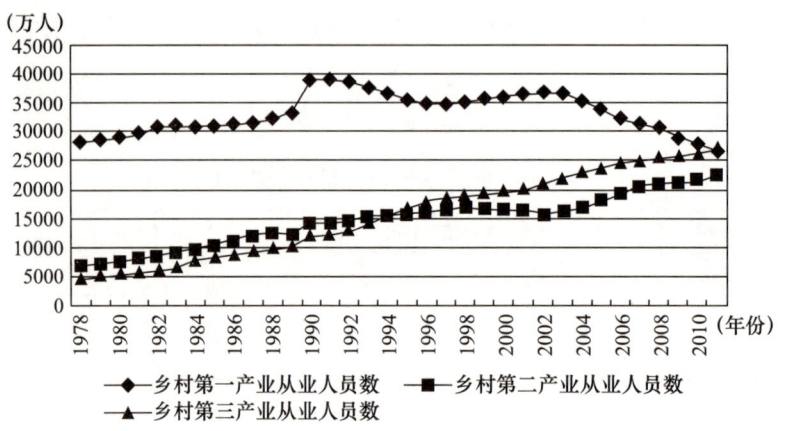

图3-1　1978年以来乡村非农产业从业人员产业结构

资料来源：根据历年《中国劳动统计年鉴》整理所得。

从具体的行业分布看，就地就近转移劳动力主要分布在制造业、农林牧渔业、建筑业、居民服务业、交通运输和物流等行业，以上几个行业占全部就业行业的63.04%。其中，在制造业就业的比重占1/5；其次是农林牧渔业，占14.84%，这主要是近年来随着现代农业发展，农业生产社会化服务、农产品初加工、休闲农业等成为农村劳动力转移就业的新渠道，有近15%的转移就业劳动力在与农业相关的领域就业；建筑业就业比例占10.84%。除此之外，在当地从事服务业的转移就业劳动力也占较大比例，居民服务、住宿和餐饮业、租赁和商业服务业、运输和物流等服务业的转移就业比例合计占23.88%。与异地就业相比，就地就近转移劳动力在工业行业就业的比例低，2014年异地转移就业劳动力在制造业和建筑业等工业的就业比例为31.76%，比异地就业低8.56个百分点；在农林牧渔行业就业的比例本地就业明显高于异地就业8.96个百分点；在服务业就业的比重，就地就近转移略高于异地转移1.67个百分点。可见，第三产业是县域范围内吸纳农村劳动力转移就业的重要途径，而且就业大部分集中在非正规部门，就业选择比较灵活，就业分散，对技术和技能的要求不高，以打零工为主（见图3-2）。

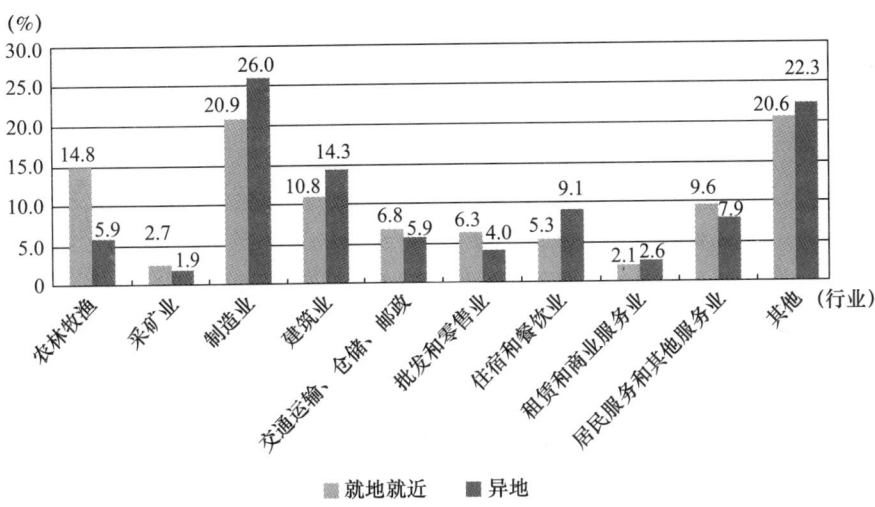

图3-2 2014年我国农村劳动力本地非农就业和异地非农就业的行业分布

资料来源：农业部固定观察点。

四、农村劳动力就地就近转移的时间构成

从劳动力转移就业时间上看存在较大的差异，有些劳动力外出就业的时间长，甚至全年在外就业，有些劳动力外出就业时间短，一年外出就业时间不超过6个月甚至只有十几天。根据农村劳动力转移就业的定义，外出就业时间累计6个月以上的劳动力称为转移劳动力，但实际上还存在许多以农业生产为主兼顾非农就业的劳动力，这部分劳动力虽然没有实现转移，但他们与就地就近转移有着天然的联系。本地非农就业时间累计6个月以上定义为就地就近转移，如果未达到6个月就是以农业为主的兼业。如果本地或异地就业机会减少，那么转移就业时间不足6个月，转移就业不充分，以农业为主的兼业劳动力增加。所以，转移就业时间在一定程度上反映劳动力转移就业的稳定性和质量。

从总体上看，农村劳动力就地就近转移平均就业时间少于异地转移平均就业时间，以2014年为例，农村劳动力就地就近转移的平均就业时间为281.4天，比异地转移平均就业时间少7天。从变化趋势看，就地就近转移平均就业时间不断增加，2005年以来年平均就地就近转移就业时间增加了14.9天；异地平均就业时间基本持平。可见，随着县域经济发展，就地就近转移的稳定性不断提高，就地就近转移与异地转移平均就业时间的差距逐渐减少，时间均为9～10个月（见表3-3）。

表3-3 农村劳动力转移就业平均就业时间

年份	就地就近转移平均就业时间（天/年）	异地转移平均就业时间（天/年）
2005	266.5	291.9
2010	272.6	292.4
2014	281.4	288.4

资料来源：农业部固定观察点。

县域范围内，从事非农就业的劳动力中，兼业和转移就业劳动力各占一半。2010年以来，转移劳动力在非农就业劳动力比重的变化基本稳定。2014年，本地非农就业劳动力中实现就地就近转移的劳动力仅占54.53%，而在异地就业的劳动力中，实现转移的劳动力比例可达到80%，大部分异地就业的劳动力实现了就业时间超过6个月的相对稳定的转移（见表3-4）。

表3-4 转移就业在非农就业中的比重

年份	就地就近转移/本地非农就业（%）	异地转移/异地非农就业（%）
2005	80.19	90.25
2010	52.82	82.95
2014	54.53	81.85

资料来源：农业部农村固定观察点。

为了进一步考察农村劳动力转移就业的时间构成，我们将转移就业的时间划分为三个阶段：180～240天、240～300天、300～365天（见表3-5）。统计结果表明，农村劳动力转移就业时间以240天（8个月）以上为主，就地就近转移劳动力中有76.58%的劳动力外出就业时间在240天以上，而异地转移劳动力中有79.36%的劳动力外出就业时间在240天以上。在划分的三个阶段中，就地就近转移劳动力和异地转移劳动力外出就业时间均在240～300天的比例最高，分别占54.46%和42.26%，就业时间在180～240天的就地就近转移劳动力比例高于异地，而就业时间在300～365天的异地转移劳动力比例明显高于就地就近转移劳动力，这说明异地转移就业劳动力外出平均就业时间更长。由于异地就业的交通成本、就业成本较高，异地转移就业的时间要比就地就近转移就业的时间长且稳定，而农村劳动力就地就近转移具有时间灵活的特点，但稳定性低于异地转移。

表3-5 转移就业的时间构成

指标＼天数	180～240天	240～300天	300～365天	合计
就地就近转移（%）	23.42	54.46	22.11	100
异地转移（%）	20.64	42.26	37.10	100

资料来源：农业部固定观察点。

五、就地就近转移农村劳动力的收入情况

从收入情况看，农村劳动力转移就业为增加农民收入做出了重要贡献。2014年全国农村居民人均可支配收入为10488.3元，而就地就近转移收入①为27011.0元，异地转移收入为28507.2元，扣除外出支出，就地就近转移的收入为20818.4元，异地转移的收入为21009.1元，均高于农村居民可支配收入的平均水平，转移就业是提高农民收入水平的重要途径。由于异地生活成本、交通成本高于就地就近转移，所以异地转移收入略高于就地就近转移收入。2005年以来，农村劳动力就地就近转移年收入由9218.8元增加至27011.0元，增长了1.93倍，扣除通货膨胀因素影响，就地就近转移就业收入增长48.07%（见表3-6）。

---

① 受统计资料限制，就地就近转移收入为在县域范围内乡镇外劳动力的转移就业收入。

表 3-6 2014 年农村劳动力转移就业的收入

指标 转移分类	收入（元）	支出（元）
就地就近转移	27011.0	6192.6
异地转移	28507.2	7408.1

六、农村劳动力就地就近转移的人口特征

1. 年龄特征

从就地就近转移劳动力的年龄特征上看，就地就近转移劳动力的平均年龄低于从事农业生产或以从事农业生产为主的劳动力平均年龄，高于异地转移农村劳动力的平均年龄。2014 年，全国农村劳动力的平均年龄为 40.9 岁，长期从事农业生产或以农业为主兼业的农村劳动力的平均年龄为 43.5 岁，就地就近转移劳动力平均年龄为 40.5 岁，而在异地转移农村劳动力的平均年龄仅为 34.1 岁。从平均年龄的统计数据看，年龄偏大的劳动力偏重于在家务农，在外出就业的劳动力中，就地就近转移劳动力的平均年龄偏大，异地转移劳动力相比更为年轻。而且从 2005~2014 年统计数据看，各类农村劳动力的平均年龄增长趋势明显，其中，就地就近转移就业劳动力平均年龄增长了 2.8 岁（见表 3-7）。

表 3-7 2005 年、2010 年和 2014 年我国农村劳动力的平均年龄

年份	农村劳动力平均年龄（岁）	从事农业生产或兼业劳动力平均年龄（岁）	就地就近转移劳动力平均年龄（岁）	异地转移劳动力平均年龄（岁）
2005	39.1	41.6	37.7	29.6
2010	40.0	42.7	39.3	32.1
2014	40.9	43.5	40.5	34.1

资料来源：农业部固定观察点。

从年龄段分布看，就地就近转移农村劳动力以青壮年劳动力为主。26 岁以上各年龄段青壮年劳动力所占份额较为均衡，26~35 岁、36~45 岁、46~55 岁年龄段人口占就地就近转移劳动力的比重分别为 25.36%、26.79% 和 25.47%，

青壮年劳动力是就地就近转移劳动力的主力军（见图3-3）。

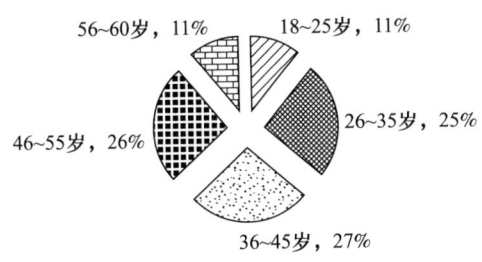

图3-3　2014年农村劳动力就地就近转移年龄结构

从就地就近转移劳动力年龄构成的横向比较看，随着年龄的增长，农村劳动力从事农业生产的比重越来越高，而转移就业的比重逐渐降低，年龄位于15～25岁年龄段的劳动力外出就业的比重为58.9%①，位于26～35岁、36～45岁、46～55岁年龄段的劳动力外出就业的比重分别为49.9%、36.6%和27.5%，直至降为56～65岁农村劳动力外出就业的比重为20.5%（见表3-8）。在外出就业的农村劳动力中，随着年龄的增长，就地就近转移劳动力的比重不断增加，异地转移劳动力的比重不断降低，年龄相对较小的农村劳动力倾向于选择异地转移就业，而年龄相对偏大的农村劳动力更倾向于就地就近转移就业，18～25岁外出就业的农村劳动力仅有38.7%②选择在本地就业，大部分都选择了异地转移就业，而56～60岁外出就业的劳动力有87.8%选择了就地就近转移（见表3-8）。这也验证了就地就近转移劳动力的平均年龄大于异地转移就业劳动力的平均年龄。就地就近转移就业年龄相对偏大，可能是由于年龄偏大的劳动者在精力和体力上都要逊色于年轻劳动者，而且年纪偏大的劳动者家庭结构比较庞大，常常是上有老人、下有小孩，家庭负担较重，所以他们更倾向于就地就近转移，这样在增加家庭收入的同时可以有更多的时间照顾家庭。

由此可见，随着年龄增长，农村劳动力越来越倾向于就地就近转移，所以，

---

① 各年龄段转移就业劳动力所占比重等于该年龄段转移就业劳动力所占比重加异地转移就业劳动力所占比重。

② 在转移就业农村劳动力中各年龄段就地就近转移就业劳动力比重等于该年龄段农村劳动力就地就近转移就业比重除以转移劳动力比重。

相对于异地转移就业来说，农村劳动力就地就近转移就业的平均年龄偏大。

表3-8 2014年农村劳动力各年龄段就业分布

年龄段（岁）	农村劳动力年龄分布（%）	从事农业生产或兼业劳动力在此年龄段的比重（%）	就地就近转移劳动力在此年龄段的比重（%）	异地转移劳动力在此年龄段的比重（%）
18~25	14.63	12.13	11.13	22.27
26~35	23.01	17.20	25.36	39.11
36~45	22.54	20.69	26.79	22.26
46~55	26.16	31.29	25.47	13.17
56~60	13.66	18.68	11.25	3.20

资料来源：农业部固定观察点。

2. 性别特征

从农村劳动力就地就近转移的性别特征上看，男性劳动力所占比重大于女性。2014年，就地就近转移劳动力中男性劳动力占60.01%，女性劳动力占39.99%。男性所占比例高于我国农村劳动力男性所占比例的平均水平。与从事农业或兼业的劳动力比较，就地就近转移劳动力男性比例高；而与异地转移劳动力比较，就地就近转移男性比例略低。说明，男性偏向于离家远的工作，而女性偏向于本地就业。从变化趋势看，就地就近转移劳动力的男性比例不断下降，女性比例增加，越来越多的女性在家乡附近转移就业（见表3-9）。

表3-9 2005年、2010年和2014年农村劳动力性别构成

年份	农村劳动力性别构成		从事农业生产或兼业劳动力性别构成		就地就近转移劳动力性别构成		异地转移劳动力性别构成	
	男性（%）	女性（%）	男性（%）	女性（%）	男性（%）	女性（%）	男性（%）	女性（%）
2005	51.19	48.81	44.64	55.36	65.02	34.98	63.01	36.99
2010	51.06	48.94	42.67	57.33	61.97	38.03	64.15	35.85
2014	51.31	48.69	42.64	57.36	60.01	39.99	65.62	34.38

资料来源：农业部固定观察点。

从农村劳动力男女两个群体看，男性劳动力外出就业的比例明显高于女性，

且就地就近转移和异地转移的比例均显著高于女性（见表 3-10）。

表 3-10　2014 年不同性别的农村劳动力在不同就业范围的分布

性别	从事农业生产或兼业（%）	就地就近转移（%）	异地转移（%）
男	46.81	28.31	24.87
女	66.37	19.89	13.74

资料来源：农业部固定观察点。

3. 接受教育和培训状况

劳动力的受教育程度和接受培训的情况对农村劳动力就业选择有着较大的影响。从农村劳动力受教育的平均年限看，2014 年，农村劳动力平均受教育年限为 8.02 年，从事农业生产或兼业劳动力平均受教育年限为 7.45 年，就地就近转移劳动力平均受教育年限为 8.53 年，异地转移就业劳动力平均受教育年限最高为 8.99 年。由此可以看出，外出就业的农村劳动力平均受教育程度高于从事农业生产或兼业劳动力的平均受教育程度，异地转移的农村劳动力平均受教育程度高于就地就近转移的农村劳动力平均受教育程度。从变化趋势看，我国农村劳动力平均受教育程度有明显的提高，2005~2014 年，我国农村劳动力、农业或兼业劳动力、就地就近转移劳动力和异地转移劳动力的平均受教育年限分别增加了 0.86 年、0.71 年、1.27 年和 0.65 年。其中，就地就近转移劳动力受教育程度提高最快（见表 3-11）。

表 3-11　2005 年、2010 年和 2014 年我国农村劳动力受教育情况

年份	农村劳动力平均受教育年限（年）	从事农业生产或兼业劳动力平均受教育年限（年）	就地就近转移就业劳动力平均受教育年限（年）	异地转移就业劳动力平均受教育年限（年）
2005	7.16	6.74	7.26	8.34
2010	7.64	7.07	8.21	8.64
2014	8.02	7.45	8.53	8.99

资料来源：农业部固定观察点。

从就地就近转移劳动力素质看，就地就近转移农村劳动力的整体素质不高，受初中及以上文化程度教育①的仅占 54.91%，还有相当一部分劳动力仅接受了

---

① 接受初中及以上文化教育的劳动力是指接受教育的年限大于或等于 9 年。

小学教育或初中未毕业。东部、中部和西部三个区域做对比，其中，东部平均受教育水平较高，有61.83%的就地就近转移劳动力接受过初中以上文化教育，中部接受过初中以上教育的就地就近转移劳动力比例最低，仅占40.92%，西部为54.09%。就地就近转移的劳动力中，具有技术职称的劳动力所占比重为10.56%，参加过职业教育的占9.05%，接受过职业培训的占9.51%，总体来看，就地就近转移劳动力的技能水平不高。分区域看，西部地区职业教育和职业培训做得相对较好，就地就近转移劳动力中具有专业技术职称、参加过职业教育、接受过技术培训的劳动力比例依次高于东部和西部地区。东部地区就地就近转移劳动力受教育程度较高，主要是因为东部地区经济发展较好，教育资源丰富，劳动力素质普遍偏高。按此逻辑推理，东部劳动力掌握技能水平和接受培训也应好于中部和西部，但统计结果显示，西部地区就地就近转移劳动力技能水平和接受培训的比例高于东部和中部。一方面可能与统计范围有关，西部地区的统计不包括牧区的情况只包含了农区；另一方面可能由于西部经济发展相对落后，就业机会少、竞争激烈，为更好地促进农村劳动力转移就业，更加注重劳动力的职业技能培训。与异地转移就业的农村劳动力相比，异地转移就业劳动力素质总体高于就地就近转移劳动力。2014年，初中以上文化程度的异地转移就业劳动力的比例为61.39%，高于就地就近转移劳动力6.48个百分点，参加过职业教育和接受过培训的劳动力比例均高于就地就近转移劳动力。具有专业技术职称劳动力的就地就近转移比例略高，这可能由于就地就近转移的劳动力中有部分劳动力由于具有一技之长而选择创业，拉高了就地就近转移劳动力中具有专业技术职称的比例（见表3-12）。

表3-12 2014年不同区域就地就近转移和异地转移劳动力中初中以上文化程度和接受过培训劳动力比例

区域	就地就近转移			
	初中及以上文化程度的比例（%）	具有专业技术职称的比例（%）	参加过职业教育的比例（%）	接受过培训的比例（%）
全国	54.91	10.56	9.05	9.51
东部	61.83	9.66	8.64	8.43
中部	40.92	8.86	7.52	8.06
西部	54.09	12.08	9.49	11.32

续表

区域	异地转移			
	初中及以上文化程度的比例（%）	具有专业技术职称的比例（%）	参加过职业教育的比例（%）	接受过培训的比例（%）
全国	61.39	9.26	9.75	10.45
东部	72.33	11.07	12.95	13.00
中部	53.95	7.85	8.54	8.49
西部	63.23	9.07	8.25	11.27

资料来源：农业部固定观察点。

所以，从受教育水平和接受职业技能培训的情况看，就地就近转移劳动力的基本素质高于从事农业生产的劳动力，低于异地转移就业的劳动力，而且，东部地区的就地就近转移就业劳动力素质相对较高，其次为西部地区，中部地区的就地就近转移的劳动力素质偏低。总体上看，就地就近转移劳动力素质在不断提高。

4. 家庭特征

农户家庭劳动力就业选择呈现出多元化的格局，家庭既有劳动力从事农业生产又有劳动力选择就地就近转移或异地就业，从就地就近转移劳动力的家庭特征看并无突出的特点。选择就地就近转移劳动力的家庭平均规模为4.27人，略高于全国平均水平，这可能由于家庭规模越大，外出就业的机会越多。就地就近转移劳动力家庭的平均负担率为25.07%，低于全国平均水平，而拥有的固定资产量为13095元，高于全国平均水平（见表3-13）。

表3-13 就地就近转移劳动力家庭主要特征

指标	全国平均水平	就地就近转移就业
家庭规模（人）	4.14	4.27
家庭负担率（%）	25.43	25.07
拥有固定资产（元）	10929	13095

资料来源：农业部固定观察点。

我国农村劳动力就地就近转移就业问题研究

第三节 农村劳动力就地就近转移的区域差异

一、规模差异

我国幅员辽阔，区域间资源禀赋、经济发展水平、工业化程度都存在较大差异，因而不同区域在农村劳动力配置上呈现出不同的特点和特征。从西部到东部，随着经济发展水平的提升，农村劳动力外出就业的比重越高，与此同时，就地就近转移的比重也越高。东部地区外出就业的劳动力中，大多数选择就地就近转移，这一比例占到了70%以上，而中部和西部地区选择就地就近转移的劳动力仅占40%~50%。2014年，东部、中部、西部就地就近转移就业占农村劳动力外出就业的比重分别为71.63%、43.57%和50.74%。2005~2014年，东部地区就地就近转移比例经历了先减少后增加的过程，但总体上就地就近转移和异地转移的比例基本维持在70%和30%左右，以就地就近转移为主；中部地区就地就近转移和异地转移的格局基本没有发生变化；西部地区就地就近转移的劳动力比例在不断增加。西部地区就地就近转移劳动力比重增加，主要是受国际国内经济形势变化影响。金融危机后，东部发达地区外向型企业、劳动密集型企业受到海外市场冲击较大，企业面临转型升级，部分产业向中西部等地区梯度转移，带动劳动力向中西部回流，再加上部分劳动力由于家庭原因主动返乡就业，使得中西部地区返乡就业、创业人员增加，所以在西部地区就地就近转移的比重不断增加。但总体上看，东部地区农村剩余劳动力就地就近转移的比例仍远高于中部和西部，而西部就地就近转移比例高于中部（见图3-4）。

分省的调查数据显示，江苏、浙江和广东等东部省份都是经济发展水平较高的省份，农民人均平均收入水平在10000元以上，排在全国前列，农村剩余劳动力主要选择在本地就业，就地就近转移劳动力占全部外出就业劳动力的70%以上。特别是将这些东部经济发达省份与中西部落后省份相比，劳动力就业选择的区域差异更加明显，西部地区四川、贵州、陕西、甘肃等省份农民人均纯收入不足10000元，其本地就业机会少，农村剩余劳动力更多地选择异地转移就业，选择就地就近转移的劳动力只占外出就业劳动力的40%左右（见表3-14）。

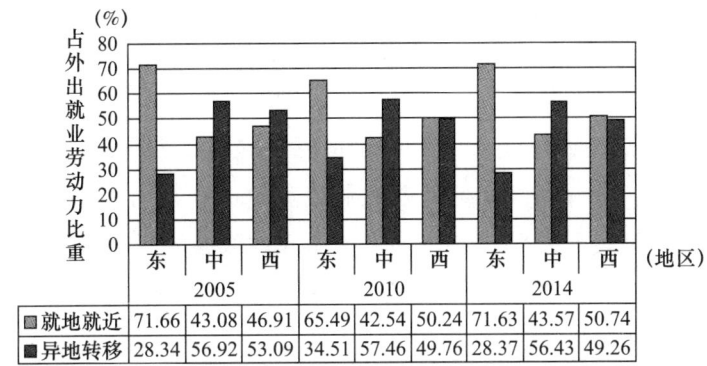

图3-4 2005年、2010年和2014年东部、中部、
西部地区农村劳动力转移就业区域构成及其变化

资料来源：农业部农村固定观察点。

表3-14 2014年我国部分省（市）农村劳动力转移就业构成

区域	省、市、自治区	转移就业劳动力占农村劳动力比重（%）	就地就近转移劳动力占转移就业劳动力比重（%）	异地转移劳动力占转移就业劳动力比重（%）	农民人均纯收入（元）
东部	河北	35.83	58.38	41.62	10186.1
	江苏	53.03	77.01	22.99	14958.4
	浙江	67.30	78.77	21.23	19373.3
	山东	45.16	83.40	16.60	11882.3
	广东	59.53	70.22	29.78	12245.6
中部	安徽	59.19	41.83	58.17	9916.4
	江西	58.10	41.87	58.13	10116.6
	河南	43.33	47.83	52.17	9966.1
	湖北	60.58	40.15	59.85	10849.1
	湖南	48.69	21.60	78.40	10060.2
西部	四川	51.92	38.22	61.78	9347.7
	贵州	41.18	56.91	43.09	6671.2
	陕西	41.30	39.05	60.95	7932.2
	甘肃	34.03	51.15	48.85	6276.6
	广西	47.68	42.32	57.68	8683.2

资料来源：农业部农村固定观察点。

二、产业分布差异

农村劳动力就地就近转移所从事产业构成也呈现出较大的差异。东部地区在第二产业工业的就业比例最高为42.33%，分别比中部地区和西部地区高7.50个和15.29个百分点，其中，东部地区在制造业中的就业比例近1/3，远高于中部和西部地区水平。中部和西部地区建筑业就业比例分别为13.71%和14.77%，高于东部地区（见表3-15）。这主要由于东部地区县域经济较发达，工业化程度高于中部和西部地区，制造业等工业行业提供了大量的本地就业机会，而随着中部和西部地区城镇化进程加快，建筑业成为中部和西部地区吸纳劳动力就业的主要行业。总的来看，东部地区就地就近转移规模和比例均高于中部、西部地区，这说明东部地区的第二产业比较发达，是拉动农村劳动力就地就近转移的关键。从就地就近转移中第三产业所占的份额看，西部最高为53.80%，中部和东部地区在第三产业就业份额差不多在46%左右。主要由于中西部地区的第二产业发展相对落后，第三产业的就业自然占据了较大的份额。这也从另外一个侧面显示出，我国第三产业发展不规范、层次低，从总体上滞后于工业的发展，吸纳农村劳动力就业能力有限。

表3-15　2014年东部、中部、西部就地就近转移产业分布

行业	东部（%）	中部（%）	西部（%）
农林牧渔	11.03	18.18	19.17
采矿业	2.85	2.50	2.98
制造业	30.87	17.32	8.28
电力、燃气及水的生产和供应业	1.25	1.30	1.02
建筑业	7.36	13.71	14.77
交通运输、仓储、邮政	6.03	6.37	9.07
批发和零售业	8.03	5.17	5.59
住宿和餐饮业	4.09	6.67	5.81
租赁和商业服务业	2.07	2.04	2.43
居民服务和其他服务业	9.99	10.31	8.71
其他	16.44	16.42	22.18

资料来源：农业部农村固定观察点。

三、收入差异

由于区域差异,东部、中部、西部就地就近转移收入存在较大差距。东部地区经济相对发达,县域范围内就业机会较多,东部地区农村剩余劳动力选择就地就近转移的比例较高,相应收入水平最高,其次是中部地区,西部地区就地就近转移的收入水平最低。2014 年,东部地区就地就近转移劳动力收入为 30768.9 元,分别比中部和西部地区高 19.53% 和 22.52%(见表 3-16)。异地转移收入呈现出相同的特征,东部地区异地转移收入分别比中部和西部地区高 16.39% 和 28.19%。

表 3-16 2014 年东部、中部、西部地区农村劳动力年收入情况

区域	农民人均收入(元)	就地就近转移收入(元)	异地转移收入(元)
东部	14497.6	30768.9	33037.5
中部	10118.9	25742.6	28385.0
西部	8134.1	25112.7	25771.6

资料来源:农业部农村固定观察点。

四、产生原因

之所以产生如此明显的区域差异是与区域间经济发展水平的差距密切相关的,东部地区县域经济发达、交通便利,许多企业和工厂选择到东部乡镇落户,为当地提供了大量的就业岗位,使得当地大多数的农村剩余劳动力选择就近转移,同时,还吸引了众多外来就业的农村劳动力。中部和西部地区经济发展相对滞后、资源条件差、缺乏产业支撑,提供的就业机会少,所以农村劳动力自然向发达地区转移,出现了异地转移就业劳动力规模大于就地就近转移规模的局面。仅以乡镇企业为例,2013 年,全国共有 699.4 万个乡镇企业,大部分集中在东部和中部地区,其中,东部 360.8 万个,占全国总数的 51.59%,中部 223.4 万个,占全国的 31.94%,西部地区仅拥有 115.2 万个乡镇企业,仅占全国总数的 16.47%(见表 3-17)。东部地区乡镇企业的平均规模较大,平均每个企业可吸纳劳动力 17 个,其次为西部地区,平均每个企业可吸纳劳动力 14 个,中部地区

最低为12个。正是这种经济发展水平的差异,东部地区县域经济成为当地农村劳动力转移就业的主阵地,同时也是外来农村劳动力就业的流入地。可见,受经济发展水平的影响,特别是县域经济发展差异的影响,农村劳动力就地就近转移的区域差异明显,东部地区农村劳动力以就地就近转移为主,而中部、西部地区则以异地转移为主。

表3-17 2013年东部、中部、西部乡镇企业发展基本情况

区域	乡镇企业数(万个)	从业人员数(万人)	平均每个企业吸纳劳动力个数(个)
东部	360.81	6062.17	16.8
中部	223.40	2652.36	11.9
西部	115.17	1580.25	13.7
全国	699.38	10294.78	14.7

资料来源:根据2014年《中国乡镇企业统计年鉴》整理。

第四节 对农村劳动力就地就近转移现状的评述

2003年以来,我国进入一轮新的经济增长期,党和国家出台一系列顺应时代发展的大政方针,增长质量、社会公平逐渐成为发展的目标。在其影响之下,我国农村劳动力在继续扩大转移的前提下,开始走上了一条结构优化、质量提升的新型转移道路。这主要体现在以下几个方面:

第一,就地就近转移与异地转移相互补充,如就地就近转移劳动力平均年龄大于异地转移,尽管就地就近转移较异地转移就业的时间长度略短、收入水平较低,但就地就近转移具有灵活、便捷的特点,同时还可以兼顾家庭农业生产和家庭生活。

第二,农村劳动力就地就近转移质量不断提高。主要体现在就地就近转移的平均就业时间不断增加,就业稳定性增加,特别是国家加大了对"三农"的投入力度,农民本地就业环境不断改善,农民素质也在不断提高,工资水平逐渐

增加。

第三，农村劳动力就业选择趋于理性，不再盲目向城市转移。这主要体现在近些年来就地就近转移的规模不断扩大，规模增速快于异地转移就业，农民的就业选择更为理性。

第四，就地就近转移的劳动力不仅仅在工业就业，第三产业也逐渐占据了重要的位置。目前，乡村第三产业的从业人员数量已经大于第二产业。同时，农民参与本地就业的企业中，乡镇企业不再是吸纳农村劳动力就业的唯一途径，私营、合资、集体等多种所有制企业逐渐增多，成为吸纳农村劳动力就业的主力军。

第五，在就地就近转移劳动力中，自主创业的劳动力逐渐增加。随着乡村基础设施条件的改善，有一定外出务工经验，带着在城市积累的资金、技术、经验返回家乡创业的劳动力逐渐增多。

第六，由于受产业布局、经济发展水平差异等因素的影响，农村劳动力就地就近转移在区域间存在较大的差异。

第四章 农村劳动力就地就近转移基于托达罗模型的宏观分析

第一节 托达罗模型的基本思想

托达罗人口迁移模型是20世纪60年代末70年代初针对发展中国家劳动力转移的实际情况提出的解释农村劳动力转移决策的经典理论。当时许多发展中国家开始遇到了始料未及的城市失业问题,在城市,大批的劳动力找不到工作,而同时又有大批农民正在试图离开农村进入城市。人口流动不仅未能带动经济发展,反而成为经济社会的包袱。传统的人口转移理论(如刘易斯二元经济理论)不能解释这一矛盾。1969年,美国经济学家托达罗(M. P. Todaro)在《美国经济评论》上发表了著名论文——《欠发达国家的劳动力迁移模式和城市失业问题》,首次阐述了他对当时城市失业与乡村人口向城市涌入两者并存现象的看法,在这篇文章中,托达罗模型的思想基本成形。其后,托达罗和其他经济学家又对该模型进行了修正和补充,进一步阐述了发展中国家农村劳动力向城市转移的决定因素和城市失业对其的影响,形成了著名的托达罗人口迁移模型,并成为研究发展中国家劳动力转移问题的理论基础和基本分析工具。

托达罗模型有两个重要贡献。其一,假定人口迁移是按城市与农村预期收入而不是实际收入的差别进行的。它的基本前提就是劳动力考虑在农村和城市部门中他们能在各种劳动力市场获得就业机会,以及选择从迁移中使他们的预期最化的机会,而就业机会由失业率来衡量。其二,引入了非正规部门就业这一概念。传统的人口转移模型通常假设,劳动力要么在现代城市部门工作,要么在传统的农业部门就业。托达罗将现代城市部门做了进一步的划分,分为城市正规部门和非正规部门。正是这些非正规部门吸纳了大量的劳动力就业,农村劳动力转移到城市后如果找不到正式工作可以在城市非正规部门就业,是现实经济中的一种重要的就业形式。

托达罗模型的核心思想是,城乡间预期收入水平的差异是劳动力由农村向城市转移的根本经济原因。当劳动者估计其在城市部门预期的收益(扣除转移成本)高于在农村的收益时,才会向城市转移,这种差距越大转移的倾向越强烈,否则会继续留在农村。根据托达罗模型的定义,城市部门的预期收益是由城市实际收入水平和城市的就业概率决定的,具体而言,就是由实际收入与就业概率的乘积来决定。所以,尽管城市存在失业,但只要城市部门的预期收入高于农村的收入水平就会发生劳动力的转移。具体可由式(4-1)表示:

$$V_0 = \int_{t=0}^{\infty} [p(t)Y_u(t) - Y_r(t)]e^{-rt}dt - C = \frac{1}{r}[p(t)Y_u(t) - Y_r(t)] - C$$

(4-1)

其中,V_0 表示农村劳动力对其预期时间范围内城乡收入差距的贴现值;以 $Y_u(t)$ 表示城市部门劳动力的平均收入;$Y_r(t)$ 表示农村劳动力在农业部门的平均收入;r 为贴现率,即农村劳动力的时间偏好水平;p 为城市中的就业概率;C 为劳动力的转移成本。那么是否进行转移取决于 V_0 的大小,当 $V_0 > 0$ 时农村劳动力才向城市转移。

农村劳动力转移的预期净收益差的大小是决定转移的关键,农村劳动力倾向于向收益相对高的行业或地区转移。因此,决定农村劳动力转移决策的影响因素主要有城市预期收入(Y_u)、城市就业率(p)、农业部门平均收入(Y_r)和转移成本(C)。

1974年,比耶利将托达罗模型的基本思想以方框图的形式表达出来,形成我们现在看到的图4-1。

图4-1显示的农村劳动力进行迁移决策的过程,它表明农民的迁移决策过程是一个复杂的利益对比过程。决定农民迁移最根本的原因是:迁移收益大于迁移费用。迁移收益不仅包括经济收益还包括来自精神层面的收益,它取决于劳动

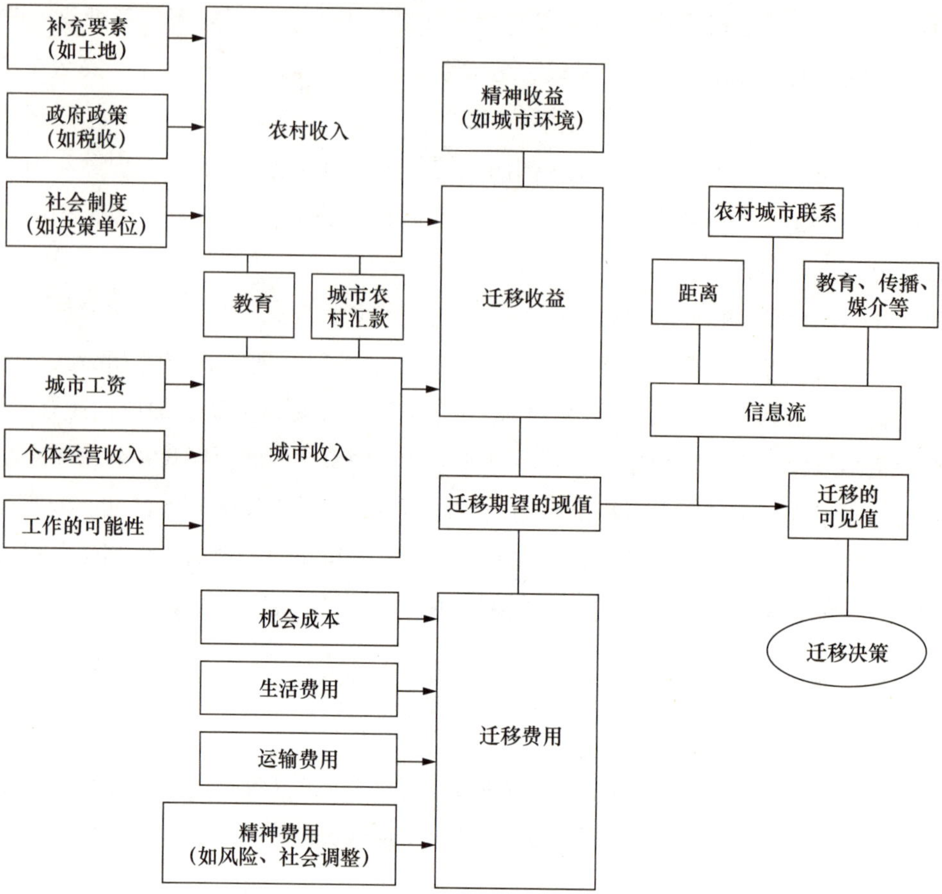

图 4-1 托达罗人口迁移决策程序

资料来源：迈克尔·P. 托达罗：《经济发展与第三世界》，中国经济出版社，1992年版。

者对于农村收入和预期的城市收入间的对比，相比现实中的城市收入，托达罗模型充分考虑了城市失业对于农民预期的影响，也考虑了城市非正规部门（个体经营收入）的影响。该图对于迁移费用的考虑也更贴近现实，充分考虑了机会成本、风险承受、社会调整等不可见因素的作用。劳动者通过对迁移收益和迁移费用的对比得出了迁移期望的现值，该值并非最终客观评价，劳动者还会通过信息渠道的验证对其不断校正，并最终得出迁移的可见值，从而做出迁移决策。这些考虑使得该模型的现实适应性明显增强，具体体现在以下几方面：制度、政策、风险承受等不可见的软环境对农民迁移的影响，城市就业率与农民在城市获得工作机会的可能性之间的关系,农民自身素质、所处环境及其对于城市精神上的向往对于其决策的影响,农民大量在城市非正规部门就业的现实影响。

托达罗模型研究主要针对的就是发展中国家的实际情况,对于发展中国家的现代化、工业化、城市化进程中人口迁移战略的制定具有重要的指导意义,我们可以从其分析和推导的过程得到如何引导劳动力健康有序流动的相关启示。

一、迁移预期很大程度上取决于农民的素质和接触信息的便利程度

迁移预期是农民主观做出的,包含了可能并不符合实际的判断和对比。像工作的可能性、城市的精神收益、精神费用、机会成本等许多因素,农民对它们不可能有一个完全准确的估计,更多的是进行一个大概的评价。这是因为农民的素质和视野差别很大,其所处的环境接触信息的程度也千差万别。在发达地区和不发达地区,在教育基础完善的地区和不完善的地区,在交通通信便利的地区和不便利的地区,农民对迁移所做出的评价和对比具有极大的多样性。此外,随着情况的变化和农民视野的开阔,这种预期在时间上也具有很大的不稳定性。这意味着在研究中应当更多地从农民本身出发,考虑其自身的局限性及其未来的变化,发展地看待农民做出的迁移预期。

二、迁移费用(包括机会成本、风险承受、社会调整)过高会阻碍劳动力的迁移

由于农民做出的迁移决策从根本上取决于迁移收益与迁移费用的差额,因此,只从收益方面考虑,并不能揭示迁移决策的真正原因。如果迁移费用过高,同样也会阻碍迁移的效果,这对分析我国农村劳动力转移具有重要的启示。土地自古以来就是农民的命脉,小块土地上的男耕女织是小农经济的基础,失去土地所付出的机会成本是大多数中国农民无法承受的,他们要面临极大的风险,彻底失去最后的生存保障,这样高的迁移费用,也就使得中国农民更多的是外出就业,而不能彻底离开农村进入城市。即便目前已经开展土地确权工作,但农民对于这项工作的意义不甚了解,更关注土地的真实存在。

三、从城市环境中获取精神收益是农村劳动力向城市转移的一个重要因素

促使农民向城市迁移的动力,除了在城市获得更高的经济收入外,获得精神

上的满足也是一个重要方面。农民在进城前总是对城市充满向往，希望发展的机会能够落到自己身上，也希望在城市接受先进文化的熏陶，加入城市消费群体，开阔自己的视野，提高自身素质，这也是农民到城市寻找就业机会的重要动力。

四、城市就业机会的增加不能有效解决城市失业问题

由于假定人口迁移取决于城市相对较高的收入和较多的就业机会，在工资大体不变的情况下，农民做出迁移预期很大程度上取决于在城市获得就业机会的可能性，因此就业率的提高会极大地鼓励农村劳动力向城市的迁移。据托达罗估计，每当新创造一项工作，就有两个或三个具有工作能力的农民来到城市，这样如果创造了100项新的工作，可能有300个新移民，因此就有200个或更多的人失业。这样，提供城市就业机会反而会增加城市失业率。

五、劳动者工资补贴以及政府提供的就业机会不能有效解决城市失业问题

托达罗认为，政府往往通过工资补贴或直接雇佣的方式"矫正"价格扭曲，以增加城市就业机会，而这种政策的效果往往与政府增加就业的目标相悖，因为通过价格调整或补贴制度来消除工资的扭曲，通常会鼓励劳动密集型产业扩大生产，按照前面的分析，城市就业岗位的增加反而会增加城市失业率，尤其是在对劳动力素质要求较低的劳动密集型产业，这种趋势更加明显。

六、应当制定城乡一体化发展规划，缩小城乡差距

在托达罗看来，任何可能增加城市就业岗位的因素，如政策倾斜、工资补贴、政府就业岗位等，都不能有效减少城市失业率，反而会促使农村劳动力更多地涌入城市，造成新的失业。因此，刺激城市经济增长、增加城市就业岗位的政策，必须和控制劳动力向城市转移的努力相互配合，才能收到较好的效果。这就需要通过政策引导、产业重组等途径，努力缩小城乡之间的收入差距，改变过于重视城市的经济发展模式。为保证城乡人口迁移的顺利有序，必须进行符合实际的城乡发展一体化规划，这些规划应当包括重视对于农村的投资和农村产业的培育，刺激农村经济的发展，增加农村地区的就业机会，增加农村地区收入水平，公共卫生、医疗、养老等社会保障的提供，教育的改善，基础设施建设的改善，农村社会文化事业的发展等许多方面。托达罗模型并不意味着鼓励减缓城市发

展、削减城市就业岗位，扭转农村劳动力向城市转移的历史趋势，而是提醒政府特别是发展中国家的政府制定长期的、符合国情的农村发展综合规划，通过多种政策的共同作用，努力缩减城乡之间就业机会和收入水平的差距，尽可能地避免盲目过快的城市化造成贫民窟、大量失业等难题。

七、鼓励发展城市非正规部门，促进其吸纳就业

在城市中，与少数先进的现代工业部门并存的，是广大非正规部门。这些小行业和小部门，大多只是去填补被现代工业部门认为是无利可图的市场空缺，它们通过较低的工资和较多的劳动力产生的低成本，在城市中生存，在运作和组织形式上具有很大的灵活性和伸缩性。由于农民在进入城市初期很难找到正规部门的就业机会，更多是在这些非正规部门工作，寻找新的机会，因此，鼓励城市或者在农村发展这种较小的劳动密集型行业，对于增加农村劳动力的就业具有很大作用。

八、避免过度的教育发展，不断优化教育结构

托达罗模型对于制定政策优化教育结构，避免过度的教育发展同样具有重要意义。大多数情况下，由于劳动者的实际技能不能立即展现在雇主面前，为了保证招到优秀人才，企业倾向于雇用那些受到教育较多的人（受教育年限长），而不能完全根据劳动者的实际技能。一方面，这样的招聘习惯造成一定程度的人才浪费，受过初等教育的人能够胜任的工作现在要由受过专业培训的人来做，而受过专业培训的人能够胜任的工作现在要由接受过高等教育的人来做。这就造成受教育更多的人获得正规部门工作机会的可能性更大，受教育多的人相比少的人预期的就业收入将会更高，受教育较多的农村劳动力相比之下更容易也更愿意迁移，这就意味着更多的人申请进入更高的教育阶段学习，社会呈现出劳动者受教育年限不断增加的现象。另一方面，一定时期内社会所提供的正规部门工作机会并不会发生太大变化，接受高等教育的人数却在倍增，受教育者失业的现象将会愈演愈烈，成为突出的矛盾。这种受教育者的失业，在某种程度上还会极大地打压低层次劳动者进入城市正规部门的机会，降低其转移质量，促使这些劳动者督促自身或其子女接受更多教育，进一步陷入受教育者失业的陷阱。一方面受教育者自身严重失业，一方面政府还要应民众需求不断加大中等、高等教育设施的投

资，接受教育的劳动者走出校园却又未必真正适应社会的需要，教育资源在这种循环中严重浪费。

从根本上讲，造成这种现象的原因是教育会使劳动者提高就业预期，而社会只能提供有限的正规部门就业机会，但教育却让越来越多的人认为自己能够把握这个机会，如果得不到，人们不会情愿降低期望去从事相对较低层次的工作，而将失败归罪于运气不好或是受教育程度还不够高，在这个过程里，人们的期望和现实存在越来越大的矛盾。因此，解决问题的途径，首先要限制过度的教育发展，营造理性的择业氛围，鼓励人们接受适度的教育，从事相应的工作。此外，发展可以增加技能但不会极大提高预期的教育模式，如职业教育，形成多元化的就业格局，相比高等教育，职业教育能够在较短时间内为劳动者提供充分的技能培训，足以满足社会对于普通劳动者的基本需求，由于教育时间短，受教育者在选择职业教育时已经相对理性等原因，这些受教育者对未来收入的预期将会比较合理，对多种层次工作的适应性也比较强，反而会减少失业率，这一点从高职大专的就业率往往高于高等院校的现象得到验证。

第二节　改进后的托达罗模型与中国农村劳动力就地就近转移

一、托达罗模型与中国现实的矛盾

当前，我国正处在快速城市化时期，农村劳动力正在大规模向城市转移，这种转移对于中国现代化的贡献不可低估。然而，在这些转移中大多是理性的，但也存在盲目的转移，转移总体上是有序的，但也存在无序的流动，转移速度总体上是适中的，但局部也存在过快。在人多资源少的国情下，大中城市能够提供农村劳动力的就业机会不是无限的，这种限制随着产业升级和生产效率的提高将会更加明显，结构性民工荒和城市失业并存的问题短期内不可避免。由于托达罗模型研究的现实基础就是发展中国家普遍存在的城市失业问题，它和发展中国家的现实密切联系，使得它对于研究我国的农村劳动力转移问题具有较高的参考价值。

然而，托达罗模型是针对 20 世纪六七十年代发展中国家的情况做出的，它有适合中国国情的一面，同样也有脱离中国现实的一面。中国是一个社会主义国家，长期以来的国情是人多资源少，特别是中国农民众多，自然经济影响深远，中国最大的资源就是劳动力资源，改革开放以来中国经济的腾飞，可以说就是广大勤劳的劳动者不懈努力的结果，充分发挥了人口红利的作用。劳动力资源能够很好地被开发利用就会极大地推动现代化进程，如果不能得到有效合理的引导，人口的压力同样也会威胁到改革的推进。对中国而言，人口多是把"双刃剑"，是机遇与挑战的并存。这样复杂的历史和现实对于托达罗模型的适应性同样提出了严峻考验，抽象的理论和丰富的现实之间的矛盾在这里同样突出。

1. 单纯从失业率讨论问题的悖论

托达罗模型的基本前提和结论都离不开对于城市失业率的讨论，其典型推论如就业岗位增加会加剧城市失业，政府工资补贴和岗位提供会造成失业，教育过度导致受教育者失业现象等，都是基于这样一个前提，即迁移者对城市失业率的判断和对城市收入的预期的变化会直接决定其迁移决策。这样的分析结论让我们更加理性地看待城市经济发展和政府刺激政策的副作用，然而理论的前提让人更多地看到迁移的微观决策者，而放弃了从更加宏观的角度观察失业率的缘起。失业率一方面取决于劳动者的迁移预期，另一方面也取决于宏观经济的状况，在国际分工和竞争愈演愈烈的今天，不通过高质量的教育和合理的产业升级提高企业的竞争力，不通过政府刺激经济的努力增加可持续发展的动力，过多地依赖于城市和农村粗放发展的非正规部门吸纳就业，单纯地走劳动密集型产业的道路，或是通过制度将农民约束在土地上，从短期看可能会缓解城市的就业压力，从长远看这样做会严重降低城市和企业的竞争力，损坏经济持续发展的动力，最终反而会造成更大规模的失业。

从这个层面上讲，过分长远和过分短视的政策方向都是不足取的，促进产业升级提高经济竞争力，同时促进就业，兼顾城乡发展，合理进行产业布局，在经济持续健康发展的基础上保证社会较高的就业率，才是合理的政策选择。中国农村劳动力转移的历史证明了这样的结论，封建小农经济下农民就业也曾相当繁荣，特别是在明清长期贸易出超的局面下，然而就业的繁荣并未导致现代化、工业化的启动，也未能引起劳动生产率的提升和经济竞争力的增强，反而长期依赖低效率的手工产业和简单商品经济提供就业机会,一旦与经历工业革命的西方国家面对面地展开竞争,小农经济基础上的商品经济、手工业生产立刻陷入破产边缘,大批农民转入失业陷入贫困。改革开放以来,乡镇企业异军突起,为农村剩余劳动力提供了大量就业机会,发展初期它走的是一条劳动密集型的发展道路,借中国丰富的劳动力资源,弥补资金和技术的不足,这在当时也是必然选择。然而,随着改革开放程度的加深,这种粗放的发展模式很难有效集中起资本、技术、人才等宝贵资源,形成企业核心竞争力,反而会造成资源的分散配置和严重浪费。单纯提高社会就业率牺牲的是企业的竞争力,一旦宏观经济发生波动,许多企业便无法支撑,走向破产和重组,这样反而造成了更大规模的失业。在1989~1991年和1996~1998年两次大的经济调整中,乡镇企业的就业人数都发生了一定幅度削减,一转前期快速增加的趋势,就证明了这一点。20世纪八九十年代兴盛一时的乡镇企业,如今大部分销声匿迹。缺乏核心技术、盲目投资扩张、恶性竞争成为大多数乡镇企业走向没落的原因。尽管乡镇企业衰落了,但培养了一批有经验、有干劲的企业家,培育了创业创新的沃土,为后来中小企业的崛起奠定了较好的基础。21世纪以来,国家不断推进企业改革、产业升级,不少企业完成了从劳动和资源密集型向资本和技术密集型发展道路的转变,企业竞争力明显增强,抵御风险能力显著提升。近年来,随着东部发达地区生产成本的进一步提高,不少劳动密集型企业开始转型升级,或者转移到成本较低、劳动力资源较为丰富的中西部地区,这也为中西部地区农村劳动力的就地就近转移提供了广阔空间。

2. 二元结构下的农村劳动力转移现状与模型的矛盾

改革开放以来,中国经济社会逐步从计划经济体制向市场经济体制过渡,到21世纪初社会主义市场经济体制初步确立,这个过程经历了近30年的时间,这期间中国发生了翻天覆地的变化。但城乡二元结构仍然存在,仅从制度层面考虑,中国劳动力转移的现实便已不符合托达罗模型的抽象分析。

首先,农民可供选择的就业地点,并不是一成不变的。20世纪80年代初期,城市改革尚未拉开序幕,农民只能在家乡附近的乡镇企业转移就业,此时的农村劳动力并未走出农村,而是在农村内部实现就业的转换。随着城市改革的推进,特别是农民进城的放开,"民工潮"开始出现,农村劳动力开始从农村转移到城市,有的进入附近的县城,有的进入附近的大中城市,还有的跨省去其他省份,农民的就业地域得到进一步拓展。20世纪90年代以后,开始出现了农民工返乡创业现象,许多农民带着在城市积累的资金、经验、技术返回家乡,在农村或县城开展创业活动,带动当地经济社会发展。近些年返乡创业的劳动力持续增加,劳动力转移的方向更多元化,从单纯的由农村到城市转变为从农村到城市再返回至农村。可见,随着改革的推进和制度的变化,农村劳动力转移目的地是在不断变化的,用农村到城市的单一方向无法覆盖中国复杂的历史与现实。

其次,经济社会的二元结构对于农村劳动力转移的影响,也是托达罗模型没有具体考虑的。二元结构,源于新中国成立后国家通过一系列分割城乡的制度安排人为构建的城乡隔离的经济社会结构。21世纪以来,这种城乡分割的二元结构虽然经历过很大的调整,城乡统筹不断推进,但二元结构仍然影响着中国的现实。这种二元结构突出表现为城乡不同的资源配置制度、城乡之间不同的社会权益以及经济社会差距。在二元结构影响下,中国的农村劳动力转移呈现出与经典理论并不完全一致的复杂现实,其中如农村隐性失业、农民能否彻底离开农村转移到城市、农民能否顺利进入城市正规部门就业、农民能否彻底转移、农民在城市就业状况如何等诸多问题,都不能从理论中得到很好的解释。具体说来,这些问题背后都有着深刻、多样的原因,但他们却具有一个共同的背景,即城乡经济社会二元结构。

(1) 农村的隐性失业主要是指农业隐性失业,具体是指工业化过程中从农业中分离出来而没有影响农业产出的那部分边际产出等于或小于零的劳动力。在计划经济时代,由于农村禁止非农经济发展,大量农村劳动力处于隐性失业状态;改革开放以后随着经济社会的发展,农村隐性失业问题得到很大缓解,但在一个相当长的时间里一直存在,中国的农村劳动力转移正是从农村隐性失业问题中开始的,这和托达罗模型农村不存在失业的基本假设显然相互矛盾。在失业状态下,农民可能在预期收入很低和预期城市失业率很高的情况下依然做出转移决策,农民的转移更容易走向盲目,此时城市为农民带来的精神收益可能被放大,许多农民并不能确定在城市能否得到就业机会,而是抱着试试运气的态度,希望到城市开阔视野、增长见识,既然转移决策的做出并未经历过认真对比和理性的分析,正像"得到容易失去也容易"的道理那样,迁移后的农民并不会认定要在城市扎根,遇到状况的变化,他们可能再次返回农村。

(2) 城乡二元结构的另一个突出影响就是农民无法完全融入城市,包括户籍制度的限制、受教育机会和年限的差距、非正规部门就业、普遍存在的城乡歧视、城市高房价的限制、社会保障的城乡分割等因素，都是导致农民无法扎根城市的重要原因。在城市就业的广大农民工无法有效地融入城市生活，成为在城乡之间频繁流动的边缘人群，缺乏归属感和安全感。农村外出劳动力就业的产业领域主要是工业和建筑业，其次是餐饮服务业和个体工商业，虽然也有一部分农民从事经营管理工作和技术工作，但大多数从事的是一般性体力劳动，即所谓"打工"，总体上看就业层次比较低，大体上属于城市非正规部门就业。农民工在城市的生活生产状况也不容乐观，工资水平也相对较低，更谈不上社会保障了。国家统计局发布的2015年农民工监测调查报告显示，农民工在外务工生活费用不断增长，2015年外出农民工月均生活消费支出人均1012元，而居住支出为475元，占生活消费支出的近一半。农民工租赁住房的占36.9%，居住在单位宿舍的占28.7%，住工棚和生产经营场所的占15.9%，回家居住的农民工占14%，而自购住房的农民工仅占1.3%。由于城市的高房价，农民工在城市只能临时居住。除居住支出外，食品支出、文化娱乐的支出非常有限，大部分农民工吃得比较差或是标准低，精神生活匮乏。农民在城市中缺乏身份认可和归属感，再加上工作层次不高、生活条件简陋、缺乏社会保障等，限制了农村劳动力在城市安家落户，农民不能彻底离开农村进入城市。

（3）土地是农民权益的基本保障，也是大部分农民迁而不移的重要原因。"统分结合"的双层经营体制是我国农村土地的基本经营制度，随着农村土地确权和"三权分置"工作的开展，农民土地权益得到更好的保障。农民进城之后依然能够享受到已有土地的承包权与使用权，任何人都不能够剥夺农民的土地权益，必须要在农民自愿的基础上开展土地有偿退出制度。但由于一直以来土地都是农民最重要的资源，农村是他们的归属，有他们的土地和家庭，失去土地意味着巨大的风险，这就使得农民的就业往往是短暂和临时的，一旦外部就业环境发生变化，他们就会返回农村。农民外出就业是多变的，可以说大体上处于一种"半转移"状态，这一点已经超出了经典模型的考虑。

二、依据中国现实对模型的改进

基于以上分析，我们认为，中国的农村劳动力转移是一个动态过程，既包括时代的推进对于转移格局的影响，以及农民选择转移地点的多变性，也包括劳动力的双向流动,不能简单地用一次转移的表述代表这种丰富的现实。而且,我国农村劳动力转移并不是真正意义上的转移,更不是迁移,确切地说应该是农民转移就业的选择,而农村劳动力做出转移决策与迁移决策的过程并没有本质上的差异,所以托达罗模型仍具有较强的借鉴意义。因此,我们将经典模型加以改进,形成了图4-2中的模型。

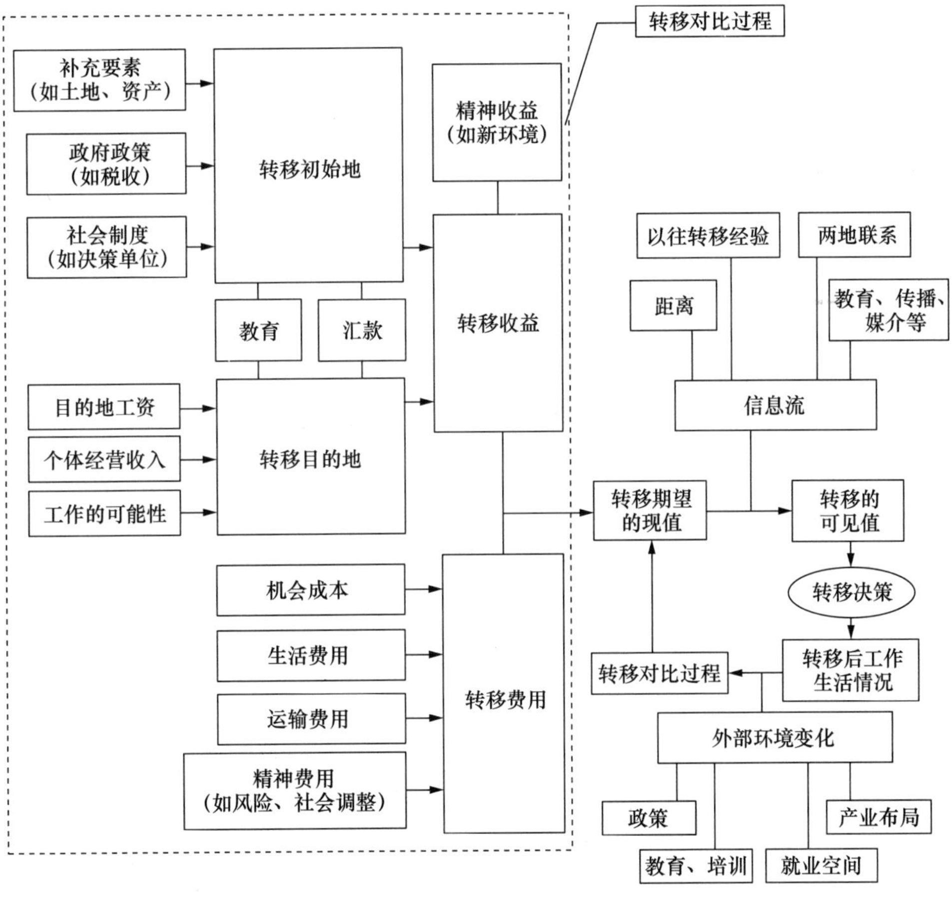

图4-2 劳动力转移动态过程——基于托达罗模型

改进的托达罗模型描述了农村劳动力就业决策的动态过程,农村劳动力转移决策不是永久性的,具有移而不迁的特点,农村劳动力根据环境的变化、自身经验的积累和技能的提高、就业观念的转变等调整就业预期,从而形成新的转移就业决策。模型的改进主要体现在以下几方面：

（1）我们将托达罗模型农村向城市的流动，拓展为初始地向转移目的地的模型，因为在现实中存在农村劳动力由农业向非农产业转移的情况，如乡镇企业，也存在城市打工的农民返回农村就业，如农民工回乡创业，这样的表达不仅可以覆盖更多的转移情况，也可以大体囊括中国农村劳动力转移的历史变化过程，虽然这样做也会牺牲一些精确性。

（2）我们重点考虑了农民转移后的生活生产情况以及外部环境的变化，还会使他们对于所在地和其他地方的就业情况进行新的对比，从而开始新的转移决策，这样一个多次动态迁移过程。如前文所述，农民在转移地可能无法顺利融入当地经济社会，如户籍制度的限制作用、较差的生产生活条件、生活成本高、家庭负担沉重、缺乏社会保障、低层次的就业行业等因素，都会促使农民做出新的迁移决策。此外，外部环境的变化（政策、教育培训、产业布局、就业空间等）同样发挥重要影响，如城市限制放开和城市改革推进促使农民从乡村走向大中城市，国家增强"三农"政策资金支持力度，农民工选择回乡创业，都是外部环境变化影响农民做出新的迁移决策的例证。

（3）在农民将转移期望的现值转化为转移的可见值的过程中，信息流发挥了很大作用，包括距离、教育、传媒、通信等，对于农民校正期望、理性选择具有重要作用。此外，由于我们假定农民的最终转移由多次转移过程组成，那么上一次转移的经历，对于校正农民新的预期同样发挥了重要作用，经历过多次迁移的农民由于积累了一定的生存技能和工作经验，会更加成功地融入新的目的地，也会更加理性成熟地看待新一次的转移。

（4）我们将会更加关注决定农民转移期望（即初始地和目的地相关收益差距）的软条件所发挥的重要作用，这包括转移给农民带来的巨大的机会成本和精神费用，以及目的地可能带给农民的精神收益。经济的因素并非农民选择转移的唯一因素，在这个方面，国情和文化的差别可以充分施展其影响，可变性尤为突出。特别是在中国由计划经济向市场经济转化的过程中，各种制度性、文化性、历史性的因素交相作用，这些因素自身也处于一个宏观变迁的历史进程中。不同的农民在不同的时期决定转移的动机，虽然存在大体上的共同性，但其特殊性和多元性在如此复杂的局面下显示出显著的多元化和不稳定倾向，从总体上也表现出独特的中国转移特征。

三、农村劳动力就地就近转移的决策分析

在我国,农村劳动力转移就业有两种选择,一是选择就地就近转移,二是异地转移。根据上文托达罗模型的阐述,预期收益(扣除转移成本)是农村劳动力就业决策的关键,与农业收入相比,只要预期净收入为正,就可能进行转移的决策,而选择就地就近转移还是异地转移,关键在预期收益的比较,哪一类预期净收益高就选择哪类转移方式。因此,针对劳动力个体来说,就地就近转移的预期收入高于异地转移,那么劳动力就选择就地就近转移,反之亦然。在下面的研究中,我们主要依据这一基本逻辑对农村劳动力在就地就近转移与异地转移之间的选择做进一步分析。由于考虑对于同一个劳动力来说,在转移前的就业和收入情况是相同的,因此,对就业决策的分析重点放在转移的预期收益和转移成本上。

就地就近转移的预期收益包括就地就近转移的预期收入和就业机会,而当地的产业发展和就业机会是与当地经济发展密切相关的,县域经济发达、企业多、劳动密集型产业聚集的地方相对工资水平高,就业机会也多,这也是东部地区劳动力就地就近转移比重高的原因。当地经济发展相对落后、没有产业支撑的地方,对劳动力的吸纳能力有限,相应地,农村劳动力对在当地就业的预期收益不高,因而在不发达地区农民本地转移就业的比重低,大部分选择异地转移。从转移成本来看,由于在县域范围内就业,基本上可以做到"离土不离乡",在家庭附近就业,生活成本不会因转移而发生很大的变化,运输成本也可忽略不计,就业环境没有发生很大的变化,不需要承担就业风险及精神负担,可以说,就地就近转移具有转移成本优势。

与就地就近转移相比,异地转移须具有更高的预期收益,农村劳动力才能做出向异地转移就业的决策。异地转移就业的选择范围很广,就业的收入差异也很大,异地转移预期收益在很大程度上取决于所要转移目的地的经济发展状况和就业机会情况,以及在劳动力能力范围之内所能获得的工作机会,在这一过程中劳动力的基本素质、接受信息情况以及外出就业的社会网络对于提高异地转移收益预期起到关键的作用,一般来说具有较高素质和掌握更多信息的农民更容易在异地找到收入水平相对较高的工作。从转移成本来看,异地转移的农民要负担更多的转移成本,异地转移基本上可以算作"背井离乡",一方面在精神上要适应环

境的变化,另一方面在异地的生活成本也大幅度增加,同时,由于存在城乡分割的二元经济社会制度,大中城市的进入门槛高,农民很难在城市扎根,所以农民还要承担失业的风险和恋家的思想负担。所以,从转移成本层面上看,异地转移要负担更多的成本。

就地就近转移与异地转移预期收入和转移成本的对比如表4-1所示。

表4-1 就地就近转移与异地转移预期收益和转移成本比较

指标\转移类型	就地就近转移	异地转移
预期收益	就地就近转移收入:本地劳动力市场工资水平 就业机会:县域经济发展状况、产业的支撑、非农经济发展情况 个人的因素:劳动力的基本素质对预期收益起到关键的作用	异地转移收入:异地劳动力市场工资水平 就业机会:产业支撑、就业网络 个人的因素:劳动力的基本素质对预期收益起到关键的作用
转移成本	生活成本:变化不大 交通运输成本:较低	生活成本:增加 交通运输成本:增加 精神费用:风险、适应环境、家庭负担

我们通过就地就近转移与异地转移的比较可以发现:就地就近转移的前提条件是当地有就业机会,而异地转移的选择范围很广,劳动力倾向于向收益高的地方转移,但不论在本地转移就业还是异地转移就业,不同的工种和就业岗位的工资水平有着较大的差异,那么获得较高收入的就业机会就由劳动力能力和素质决定,因而不能对就地就近转移和异地转移预期收入的高低一概而论;从转移成本上看,一般情况下就地就近转移成本低于异地转移成本。由此可以判断,只要当地有转移就业机会,就地就近转移的可能性大于异地转移;只有异地转移预期收益高于就地就近转移预期收益时,才可能做出异地转移的决策。此外,值得注意的是不论就地就近转移还是异地转移,经济的发展和产业的支撑都是为农民提供就业机会的重要保障,没有产业的发展农民的就业无从谈起。

综合以上分析,影响农村劳动力就业选择的因素主要有农业生产情况、当地经济发展状况、本地和异地劳动力市场工资水平、转移成本以及农村劳动力的个人因素等。

四、农村劳动力就地就近转移合理性分析

从前面的分析我们可以看到，中国的农村劳动力转移作为一个独特的经济社会现象，本身就是一个历史的范畴，伴随着社会大环境的变化和现代化、城市化的推进，它也在不断演变。我们至少可以从地域、历史变迁、软环境三个维度——推论农村劳动力异地、就地就近转移的转换，以乡镇企业为代表的县域经济的演变，以户籍制度为核心的城乡二元结构的变化，以土地、家庭制度为核心的乡土文化和以工业化、城市化为核心的城市文明之间的碰撞——来理解改革开放30多年来我国农村劳动力转移变迁的历史过程，以及在这样一个历史过程中农村劳动力就地就近转移存在的合理性和必然性。

（1）半转移状态。我国是一个人多资源少的国家，一方面农村存在着大量未充分就业的劳动力，另一方面城市的容纳能力有限。尽管近年来城市化进程加快，但特大城市和大城市的吸引力强于中小城市，而受资源环境约束，大城市可容纳的人口空间有限，就使得大城市的进入门槛不断提高，农民难以融入城市。这样的国情决定了大部分农村劳动力在相当长的一段时期内不能实现完全转移成为严格意义上的城市居民，数亿中国农民在城市和家乡之间的"候鸟"式的迁移流动将会长期存在，并构成中国农村劳动力转移最为显著的特色——半转移状态。

产生这种半转移状态的原因非常复杂，其中，"城乡经济社会二元结构"是最为重要也是最受关注的一个原因。经济史的回顾显示，新中国成立以来通过户籍、农村集体化、城市配给等制度控制农村人口流向城市的努力是造成现实情况下城乡二元结构的深层原因。从历史的分析中可看到，这些制度的推出在新中国成立初期具有一定的合理性，这主要和1959~1961年的粮食短缺有关，同样也与新中国成立初期走苏联式的工业化道路，以简单指令代替经济规律、经济建设经验的缺乏有关。在相当长的一段时期内，以户籍为核心的城乡二元相关制度对于促进中国经济社会稳定健康发展，包括改革开放的稳步推进、国家对经济社会全局的有效控制等许多方面曾经发挥了积极作用。随着新时期改革的推进，户籍制度已经成为阻碍城乡一体化发展、拉大城乡差距的主要障碍。为推动新型城镇化发展和提高户籍人口城镇化率，2014年7月24日，国务院印发了《关于进一步推进户籍制度改革的意见》，其中特别提出全面放开建制镇和小城市落户限制，有序放开中等城市落户限制，合理确定大城市落户条件，严格控制特大城市人口规模，以及建立城乡统一的户口登记制度等意见。这对于合理引导农业人口有序向城镇转移，有序推进农业转移人口市民化具有重要意义，大大降低农民工进城落户的门槛。但转移就业的农民工真正成为市民还需要很长的一段路。

从城市看，由于农村劳动力受教育程度不高、素质有限，转移的劳动力主要在非正规部门就业，这些部门产业规模小、就业门槛低、要求的技能水平不高、多以体力劳动为主。农民相应所得到的收入水平不高、就业稳定性差，特别是在城乡分割的二元社会经济制度影响下，农民工难以在城市享有与城市居民同等的待遇，在接受医疗、教育、居住等城市公共服务方面受到排斥，社会地位不高，没有社会认同。尽管目前为统筹城乡发展，国家出台了一系列政策推进建立社会保障、医疗保险等城乡统一的社会保障体系，但高企的房价和高额的生活成本，普通农民工难以承受，因而他们根本无法融入城市生活，在那里扎根落户，同时也享受不到城市发展的"红利"。从农村看，以土地和家庭为核心的制度和文化因素同样发挥了重要作用。农民之所以不愿离开家乡除难以融入城市外，也因为一份浓浓的乡愁和对家乡的挂念，让他们对农村难以割舍。中国社会自古以来就是一个农业社会，自然经济及其延伸文化直至今天仍然深深地影响着广大中国农民。"土地"自古以来就是农民的命脉，在经济社会竞争中，农民处于相对弱势地位，小农经济破产的风险时时存在，土地作为根本保障对于农民及其家庭意义重大，成为其经济生活的核心和底线。在农民的迁移决策中，失去土地的机会成本太大，在城市不能为其带来稳定和较高的收入的情况下，保留土地是理性的选择。"家庭"是另一个重要概念，对家庭、家族的牵挂，及其延伸出的乡土情结和恋家情绪，是农民选择彻底离开农村必须付出的精神费用，这种精神代价虽然具有很大的伸缩性，且随着商品经济的发达不断淡化，但在中国农民的现实生活中仍然占据着重要地位，特别是对农民而言带着全家人在城市扎根的难度可想而知。既然"土地"和"家庭"仍然发挥巨大影响，农民对于迁移成本收益的计算将不会以简单的收入差距进行，而必须考虑到家庭负担、精神费用、失去土地机会成本等软条件的限制，农民的经济生活也就大体上以其家乡为核心展开。

在某种程度上讲，这些因素综合作用下产生的农村劳动力半转移状态将在相当长的一段时期内成为中国农村劳动力转移的常态，也成为认识其发展规律的根本出发点。同样，正是这种半转移状态为中国农村劳动力的就地就近转移提供了土壤。既然城市并不能完全接纳，既然对家乡的牵挂仍然很大，理性的农民为了能够同时兼顾家庭、土地经营和分享城市发展红利，会自然而然地将大、中、小城市，将距离家乡远的和近的城市，将城市和农村，将农业和非农产业加以对比和衡量，最终选择出适合自身及其家庭的就业地点和岗位。在这样的对比中，就地就近转移由于其具有的如生活、生产和精神成本较低，能够照顾家庭和农业生产等多方面的优势必然会吸引一大批农民加以选择，特别是随着新农村建设的推进，农村和中小城镇的发展加快，就地就近转移将会更加具有吸引力。

（2）县域经济。如果说半转移状态是最初通过限制农民向城市转移从而实现就地就近转移，那么以乡镇企业为主体的县域经济发展则是从推动力的方面为就地就近转移创造了条件。党的十六大第一次提出了"县域"的概念，十六届三中全会又进一步强调"要大力发展县域经济"，中央一号文件中也多次提到过壮大县域经济，尤其是2016年中央一号文件中明确提出了发展县域经济，增强吸纳农业转移人口能力，促进就地就近转移就业创业。在这样的大背景下，县域经济的问题被提到了议事日程并受到前所未有的关注。县域经济是以县级行政区划为地理空间，以县级政权为调控主体，以市场为导向，优化配置资源，具有地域特色和功能完备的区域经济。虽然改革开放以来县域经济的发展经历了不同的发展阶段，但企业作为县域经济发展主体力量的格局却一直未变，企业发展是壮大县域经济的必然选择，没有产业的发展、企业的集聚，实现经济强县就是"空谈"。乡镇企业的异军突起成为1978年改革的重要突破口，在城市和国有经济改革尚未展开之际，乡镇企业抓住机遇蓬勃发展，在带动国民经济增长的同时，深刻改变了农村的经济社会结构，为广大农民提供了大量非农就业机会，为农民的就地就近转移直接创造了条件。随着改革的推进，乡镇企业开始转变原有单纯的劳动和资源密集型发展模式，走上了一条资本和技术深化的道路。产权制度改革的深化也使得大量集体所有制乡镇企业逐步向私营中小企业的形式转变，不少企业聚集到县域工业园区等靠近城镇的地区，第一、第二和第三产业不断融合发展，产业分布日趋合理。县域内资源和产业配置得到优化，比较优势得到发挥，重点产业得到突出，特别是随着国家区域协调发展战略的实施，东部发达地区部分产业开始逐步向中西部地区梯度转移，县域经济综合竞争力随之大幅提高。可以看到，县域经济发展也在经历一个复杂的变迁过程，随着乡镇企业内涵的演变和改革的推进，县域经济在新时期也开始显现出一些新特点——产业升级加快、资源配置合理化、中小私营企业发展为主体、比较优势逐步突出。在这样的过程中，大量的农民积极投入到县域经济发展的大潮中，无数的企业兴起或衰落，大浪淘沙，生存下来的企业才能经得住市场的考验。不管怎样变有一点没变，产业的支撑是县域经济发展的基础，而县域经济的发展是农民就地就近转移的根本条件，决定产业支撑的则是宏观经济的快速发展以及国家综合竞争力的提升即现代化的推进。可以说，中国现代化的全面启动肇始于1978年的改革开放，从乡镇企业异军突起到国有企业改革，从农村家庭联产承包制到城市改革及工业化、城镇化的快速推进。改革开放40多年来的历程清楚表明，只有走现代化、工业化、城市化的道路，才能将广大中国农村劳动力的巨大力量真正转化为促进中国经济社会发展的动力。中国农民积极投入到改革大潮中来，构建起现代化的大厦，同样，现代化也用其发展成果给农民带来实实在在的好处——更高的收入和更多的工作机会。

20世纪90年代初，城市改革不断推进、国企改革拉开序幕，对于农民进城的限制也在不断减少，农民从县内乡镇企业就业，走向大中城市，开始了漫长的异地之旅，举世瞩目的"民工潮"开始涌现，农村劳动力就业地点的选择变得更加多元化，异地逐步取代本地成为农村劳动力转移的主要方向。然而，正像前面讨论的那样，城市对于农民的接纳有限，农民的就业仍然以家乡为核心。大部分的农民选择在当地从事农业、兼营他业或在附近中小城镇就业；在大中城市，收入较低的农民选择"候鸟"式在家乡和城市之间的迁移，或者回到家乡寻找就业机会，收入较高的农民一部分留在城市扎根发展，也有一部分带着积累的资金、经验等回到家乡创业发展。这样一个多元化的农村劳动力非农就业格局还将长期存在，它带给人们的总体印象是动态和不稳定。这样的多元格局源于历史和现实的双重原因，纵向上的逐步演变、横向上发展的不平衡都充分发挥作用，使得可供农民选择的选项非常丰富，这其中就有非常重要和合理的一个——就地就近转移。

（3）兼业状态。历史上长期存在于农村的兼业状态是另一个值得考虑的方面。兼业农户是指既从事农业生产，又从事非农业活动而获得收入的农户。农户的本地兼业状态之所以长期存在，与中国的实际国情难以分开。中国的基本国情是人多资源少，发展不平衡，自然经济在历史上曾经长期占据着主体地位，尽管曾经存在过相当发达的商品经济，但由于当时城市化、工业化未能启动，在封建经济社会极其分散——基本的产业形态以简单手工业生产为主，技术和资本集约程度较低，手工业主间低水平竞争普遍存在，人口周期性无限制地膨胀，家庭财富分配趋于平均化等——的局面下，资源和技术难以有效聚集以支撑产业变革，现代化迟迟得不到启动，城市和非农产业带给农民的就业机会和收入非常有限。太平无事时，农民选择以自身小块土地为核心展开兼业经营，从事农业之余兼营他业增加收入；一遇乱世，小农经济的脆弱性暴露无遗，土地兼并加剧，在没有新兴产业作为支撑的情况下，大批失去土地的农民立刻沦为破产流民，进一步加剧社会的混乱。

现代社会的农户兼业则体现出新的特点，是社会经济发展与农业生产特点共同作用的结果。农业技术进步使农业劳动力游离出来，农业的季节性造成劳动力的季节性剩余，农民发展生产、改善生活需要越来越多的资金，而农业本身难以满足需要，加上农业收入不稳定等因素，都推动农民到非农业部门就业。同时，非农业部门的发展也要求农业为其提供劳动力。兼业农户分为两种：以农业收入为主的称为第一种兼业农户，以非农业收入为主的称为第二种兼业农户。就地就近转移主要是指在本地县域内每年从事非农产业时间超过6个月的农村劳动力转移行为。在第二种兼业农户和就地就近转移之间存在着很大的交集。我们很难严格区分兼业和就地就近转移，只能简单地将就地就近转移看成一种质量较高的本地兼业状态。可以发现，深植在中国社会中的农户兼业状态与就地就近转移之间存在某种程度上的关联，农民在选择就地就近转移的过程中可以寻找到一种熟悉的归属感。

第三节 相关结论与政策含义

（1）模型表明，就地就近转移存在的一个重要原因就是诸多限制性因素阻碍着农民从农村转移到城市，从而降低了转移的成功率和质量，就地就近转移和异地转移是转移的两个有机组成部分，不能单纯促进就地就近转移而排斥异地转移，此外就地就近转移在某种程度上也受到这些因素的约束难以有效展开。目前，消除这些限制性因素非常重要，政策方向应当以形成一种以市场和产业导向的，就地、异地相互配合质量较好的农村劳动力转移格局。

（2）在消除限制性因素，推进大中城市发展的同时，还要关注小城镇和广大农村的发展。国情决定着中国要走一条城乡协调发展的城市化道路，促进农村发展的关键是增加农村经济发展的动力和增强县域经济造血能力，这就需要政府加大资金、项目、人才、技术的倾斜，并建立长效机制，同时积极推动县域经济产业升级，发展特色产业，突出比较优势，引导东部劳动密集型产业向劳动力资源丰富的中西部地区转移，在降低东部城市发展压力的同时，促进中西部地区的劳动力就地就近转移。

（3）普及义务教育，加强对农民的职业技能培训，提高农民素质。模型分析表明，教育和信息在农民做出多次迁移决策的过程中发挥了重要作用。受过较高教育特别是职业技能教育的农民能够在不过分增加收入预期的情况下相对顺利地找到工作，这对于减少受教育者失业现象具有重要意义。同样，教育和培训也会使农民理性看待其转移可能面对的困难，慎重做出转移决策，结合自身较高的素质，有效提高转移的成功率。

（4）提高兼业就业质量。兼业中的非农业就业往往并不稳定或不充分，这一方面源于农民自身的原因，农民兼营农业和非农业，专业化的优势难以体现，生产效率难以提高，收入也相应不高。另一方面则主要由于长期以来县域经济发展尚未形成一个稳定和高效的增长点，比较优势并不突出，就业环境有待提高。这就提出一个问题即农民本地就业质量的问题，由于农民自身竞争力弱，县域就业机会有限，就业环境差，农民就业质量相对较低，工资水平低、劳动保障差、就业稳定性差等都是其表现。我们不仅应当看到大中城市农民工的就业状况，也应关注小城镇的情况；不仅应当看到就业率，也应看到农民就业质量的好坏；不仅应当看到现在的状况，还应看到变化趋势及其背后的深刻含义。

第五章 农村劳动力就地就近转移的影响因素分析

农村劳动力就业选择分为两类，一是职业的选择，即从事农业或非农就业，二是空间的选择，即选择农业生产、兼业还是就地就近转移就业或异地转移就业，无论农村劳动力做出何种选择，都是受当时社会经济状况及家庭等各种因素影响的结果。从各国的发展经验看，大部分国家农村劳动力转移过程中都是由农村向城市转移，而在中国农村劳动力转移过程中，就地就近转移占据了重要的地位，约占转移就业的劳动力总数的一半。针对我国的实际情况，研究决定农村劳动力就地就近转移的影响因素，对于深刻认识农村劳动力转移规律、引导农村动力合理有序转移具有重要的意义。本章基于上文分析及农户家庭模型对农村动力就业选择的影响因素进行实证分析，测定各因素的影响，进而得出进一步的研究结论。

第一节 农村劳动力就业选择的理论基础

每个农民都是农户家庭中的一员，农民在自己的经济活动中追求个人的效用最大化，农户的经济行为则追求整个家庭效用的最大化，尽管追求的目标体现在个人行为身上并不完全一致，但农民作为家庭中的一员，其行为总要受家庭情况的影响，可以说劳动力就业选择是家庭劳动力配置的具体体现，在本章我们主要借鉴农户家庭模型理论基本思想从微观的角度研究劳动力就业选择的影响因素。

农户家庭是农村经济中最基本的经济组织,具有生产和消费的双重身份,一方面消费自己从事生产活动产出的部分产品,另一方面利用农业剩余购买其他消费品。农户家庭经济行为的目标是追求家庭效用最大化,在这一过程中受到了各种条件的约束,如资本和劳动力等,农户需要在劳动力和其他生产要素以及家庭收入上进行均衡配置以实现家庭效用最大化目标,而配置的结果就是农户决策的具体体现,这其中也包括对家庭劳动力的配置。农户模型正是基于农户家庭企业行为和家庭经济行为混合的特点建立起来的,可以用于分析农户的生产、消费和劳动力供给等行为,后来逐渐成为分析农户及农民行为和决策的微观经济学基础。

从传统意义上讲,一个同时进行生产与消费的家庭的理论模型被称为"农户家庭模型"(Agriculture Household Model,AHM)(Pranab Bardhan、Christopher Udry,1999)。具体地讲,农户家庭模型(以下简称为农户模型)就是用来描述农户生产、消费、劳动力供给行为及其之间关系的比较静态模型,其基本逻辑是在家庭各种约束条件下,通过消费以实现家庭效用最大化,这些约束条件主要包括家庭现金收入、劳动力供给、固定资产数量、生产技术、可变生产要素投入、产出以及非生产性消费品价格等①。农户模型中家庭效用由不同的消费组合衡量,消费即包括购买的产品也包括自给自足的产品还包括闲暇。在完全竞争的市场中,农户生产产品的价格与市场价格是一致的,那么家庭选择消费自己生产的产品还是在市场上购买产品是无差异的,这就意味着,家庭消费自己生产的产品可以看作家庭在购买自己生产的产品,同样,家庭从市场上购买产品可以看作在购买劳动时间。农户家庭的劳动时间多,那么相应地收入水平高,生产的产品多,需要在市场中购买的产品少,闲暇时间少,而这与农户家庭的偏好密切相关。因此,农户行为是在家庭诸多条件约束下,根据自己对收入和闲暇的偏好,所做出的实现家庭效用最大化目标的决策。

一个关于农业家庭的标准模型包括把家庭每一个成员的消费纳入定义的效用方程,以及考虑了家庭运用所拥有资产进行生产的预算约束。② 假设一个农户拥

---

① J. E. Taylor, I. Aerdeman:《农业家庭模型:起源、演变和扩展》,别朝霞译,http://cedr.whu.edu.cn/cedrpaper/2004512215118.pdf。

② Pranab Bardhan, Christopher Udry:《发展微观经济学》,陶然译,北京大学出版社,2002年版第8页。

有固定的劳动力资源（L），这些资源可以在家庭农业生产（L_a）、非农就业（L_{na}）和闲暇（L_l）之间分配，农户家庭通过优化劳动配置来实现效用最大化。

农户家庭收入由三部分组成，一是家庭从事农业生产的收入（Y_a），二是家庭外出就业劳动力的工资收入（Y_{na}），三是家庭财产性收入（Y_e），具体可以由式（5-1）表示：

$$Y = Y_a + Y_{na} + Y_e;$$
$$Y_a = pf(l_a; K; N) - rK - sN; \tag{5-1}$$
$$Y_{na} = wl_{na}$$

其中，Y 为农户家庭总收入，Y_a 为从事农业生产的纯收入，Y_{na} 为非农产业纯收入，Y_e 为财产性收入；f 为农业生产函数，假定其为凹函数，对劳动的一阶导数大于0，二阶导数小于0；p 为市场上农产品的价格；K 为农业生产投入的资本量，r 是资本租赁价格；N 为土地投入量，s 是土地的租赁价格；l_a 为农业生产的劳动投入量；l_{na} 为非农就业的劳动投入量；w 为劳动力外出就业的工资率。由于农业生产函数是凹函数，农户家庭总收入也具有凹函数的性质，如式（5-2）所示：

$$\frac{\partial Y}{\partial l_a} > 0, \frac{\partial^2 Y}{\partial l_a^2} < 0 \tag{5-2}$$

家庭效用取决于家庭成员的消费和闲暇的组合，而家庭对消费——闲暇的偏好由家庭特征决定，由此农户家庭效用函数可以如式（5-3）所示：

$$U = U(c, l_l; \delta) \tag{5-3}$$

其中，c 为家庭成员的消费，l_l 为闲暇时间，δ 为家庭特征。假定效用函数为凹函数，具有如式（5-4）所示性质：

$$\frac{\partial U}{\partial \lambda} > 0, \frac{\partial^2 U}{\partial \lambda^2} < 0; \lambda = l, c \tag{5-4}$$

由于消费和闲暇受到家庭收入和劳动力供给数量的影响，所以家庭生产和消费的约束条件可如式（5-5）所示：

$$c \leq Y = pf(l_a; K; A) + wl_{na} + Y_e;$$
$$L = l_a + l_{na} + l_l \tag{5-5}$$

其中，L 为家庭劳动力总供给量。

根据以上分析，农户家庭效用最大化就可由如式（5-6）所示方程表示：

$$\text{Max} U = U(Y, l_l; \delta);$$
$$s.t. \ Y = pf(l_a, K, A) + wl_{na} + Y_e; \tag{5-6}$$
$$L = l_a + l_{na} + l_l$$

由于生产函数和效用函数的性质，可以通过上述方程确定家庭实现效用最大化时的劳动力配置，确定家庭效用最大化时的劳动力均衡配置 $l_a^*(w, L, K, A)$ 和 $l_{na}^*(w, L, K, A; \delta)$。

图 5-1 可以更加直观地描述农户家庭劳动力均衡配置的过程。图中纵轴为家庭收入，横轴从左向右为家庭投入劳动量，从右向左为闲暇时间，曲线 TVP 为农户家庭农业生产曲线，曲线 U 为家庭消费偏好，即家庭消费与闲暇的组合，代表家庭效用，工资线 w_0 和 w 的斜率为工资率。图中生产曲线与效用曲线相切的切线 w_0 为农户家庭专门从事农业生产的边界线，当农户所面对的劳动力市场工资率高于家庭从事农业生产的工资率时，农民从农业生产中走出来从事非农就业，以获得更高的效益；当劳动力市场工资率低于从事农业生产的工资率时，农户家庭专门从事农业生产。图中描述了劳动力市场工资率大于农业生产边界工资率时的家庭劳动力配置。由于 $k_w > k_{w0}$，农户需要根据劳动力市场情况对家庭劳动力进行重新配置，从事农业生产的劳动减少，而外出非农就业的劳动增加。农户首先根据劳动力市场工资率 w 来确定家庭在农业中的劳动投入，当农业生产的边际收益等于劳动力市场工资时确定了农业生产的劳动投入，即为图中的 A 点对应的就业时间，如果此时家庭继续农业生产，由于农业生产劳动边际产出递减，农业生产的工资率低于劳动力市场工资，农户收益受损，于是家庭为了维持较高的工资率，有农民从家庭中走出到非农产业就业以增加收入。投入非农生产劳动量由家庭偏好与劳动力市场工资率决定，即由图中消费偏好曲线与劳动力市场工资线的切点 B 确定非农就业的均衡点。因此，农民就业选择由家庭农业生产、偏好和劳动力市场工资水平等因素决定。

综合以上分析，农村劳动力就业选择是农户家庭劳动力配置的具体体现，它直接受家庭经济行为的影响，具体包括家庭农业生产、家庭偏好以及家庭所面临的劳动力市场工资水平等。其中，家庭土地、资本状况决定了农业生产情况，而家庭偏好受农户家庭结构、收入水平、劳动力素质等因素影响，劳动力市场工资似乎是一个外生变量，但这也与家庭中的劳动力素质密切相关，素质高的劳动力找到工资水平高的机会增加。

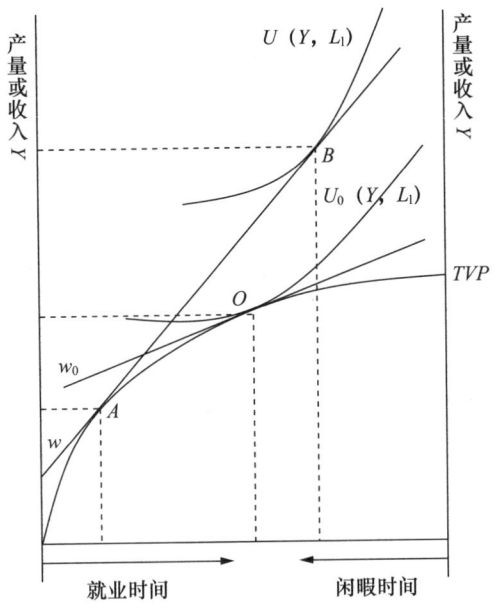

图 5-1 农户家庭劳动力均衡配置

第二节　影响因素分析

根据上文的分析，尽管农村劳动力就业选择也受劳动力市场需求的影响，但对于素质相当、家庭状况相似的劳动力在劳动力市场上获得的就业机会是相等的，所以我们将问题主要集中在劳动力的就业选择行为上。根据农户模型，农户劳动力就业选择行为由家庭偏好（U）、农业生产（Y）、家庭劳动力数量（L）以及劳动力市场（w）等因素决定。其中，农户的偏好由家庭收入和闲暇决定，而对收入和闲暇的偏好又是由家庭特征决定，如家庭固定资产数量、家庭的结构、劳动力受教育程度等；农业生产情况则是由当地的资源禀赋情况和生产技术决定；家庭面对劳动力市场工资率在很大程度上取决于家庭劳动力素质以及他们所能得到的就业机会，因此，劳动力个人特征以及家庭所在地的经济发展水平决定了农户所面对的劳动力市场工资率水平，此外，转移成本也是劳动力外出就业考虑的因素之一。因此,农村劳动力就业选择行为如图5-2所示。

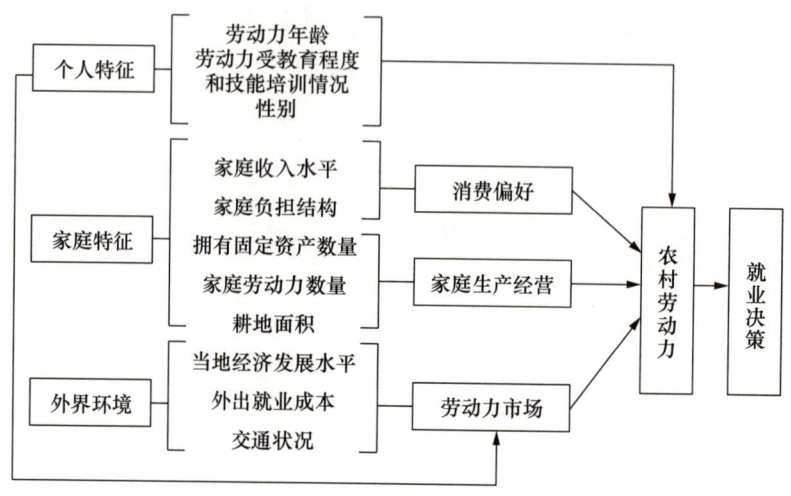

图5-2 农村劳动力就业决策影响因素

农村劳动力就业地点选择是基于农户家庭效用最大化做出的理性选择,根据图5-2的描述,农村劳动力就业行为的影响因素可以进一步归纳为个人特征、家庭特征和外界环境因素。其中,个人特征包括劳动者年龄、受教育程度、技能培训情况、性别;家庭特征包括家庭收入水平、家庭负担结构、拥有固定资产数量、家庭动力数量和耕地面积等;外界环境因素包括当地经济发展水平、外出就业成本和交通状况等。

一、农村劳动力个人特征

个人特征是影响劳动力就业决策的主要因素,特别是劳动力的受教育程度及接受培训情况是影响劳动力供给的重要因素。一般认为,接受教育和技能培训对农村劳动力外出就业有正向的影响,即受教育程度越高外出就业机会越多,接受过技能培训越容易找到工作。相对于就业地点选择来说,中部和西部劳动力人力资本积累越多越倾向于异地就业寻找收益更高的就业机会,而人力资本低的劳动力越倾向于在本地做一些简单的工作。东部地区由于经济活跃各产业发展较快,很难判断出劳动力人力资本状况对就业地点选择的影响。

劳动者的年龄和性别也是影响就业决策不容忽视的因素。一般处于壮年时期的劳动力更倾向于异地转移就业。年龄对劳动力就地就近转移选择的影响呈"U"型，当劳动者年轻时，外出就业经验不足而且面临着成家，更多选择就地就近转移；随着年龄的增长，劳动者积累了大量非农就业的经验，于是趋向于寻求更广阔的发展空间；随着年龄的进一步增长，劳动者受到身体情况、恋乡情绪以及家庭需要等影响，更倾向于就地就近转移就业。现状分析中，显示26~35岁年龄段异地转移就业的比重最高，占异地转移人口的39.11%。从性别上看，一般女性劳动力更愿意在本地就业，空闲时间可以帮助料理家务事和农业生产，而男性劳动力更多的是外出就业，特别是异地转移就业。

二、农村劳动力家庭特征

农村劳动力就业选择行为是家庭劳动力配置的体现，必然受农户家庭因素影响，一是家庭的偏好，二是家庭生产经营情况。

农户家庭偏好由家庭固定资产数量、家庭收入水平、家庭劳动力结构等决定。农户家庭固定资产数量是家庭经济状况的基本反映，固定资产数量多说明农户家庭经济状况较好，可能就降低了劳动力外出就业的愿望，或者劳动者更倾向于就地就近转移或进行家庭经营。家庭收入水平对于劳动力就业选择是一个内生变量，一方面收入水平影响着劳动力的就业选择，另一方面劳动力就业选择又影响了家庭收入水平，所以考虑家庭固定资产数量、家庭拥有耐用消费品数量及居住条件等来反映农户的收入水平。家庭劳动力结构同样影响了家庭的偏好。当家庭中劳动力数量多时，劳动力的就业呈现出多元化，包括农业生产、本地就业和异地就业；当家庭劳动力负担较重时，家里面有小孩和老人需要照顾，劳动力可能更倾向于就地就近转移以照顾家庭，当家庭用于医疗和教育的支出负担较重时，劳动力可能更倾向于异地转移，因为异地转移相对于就地就近转移来说就业稳定性高，收入水平可能更高。

家庭生产经营包括农业生产和家庭自主经营，土地规模以及家庭自主经营收入可以反映农户家庭生产经营规模。根据理论分析的情况，家庭生产经营情况影响着家庭劳动力配置。家庭有一定经营规模时，劳动者可能更愿意在当地就业，以兼顾家庭生产。当家庭经营形成一定规模时，家庭生产的收益要高于外出就业，家庭不仅不向外提供劳动力，还会雇佣其他劳动力。可以说农户家庭生产经营规模与劳动力外出就业呈反向关系。

三、外部就业环境特征

外部就业环境是劳动力外出就业考虑的主要因素,包括当地经济发展情况、外出就业收入和成本、交通状况等。当地经济发展情况是影响劳动力本地就业的关键因素,当地县域经济活跃,企业数量多,第二产业和第三产业发达,那么就可以为农村劳动力就地就近转移提供良好的就业环境和就业机会,相应地当地农村劳动力就地就近转移的比率也高。反之,如果当地经济欠发达,就业机会少,劳动力则更多地选择异地转移就业。

依据农户模型,非农就业市场的工资率影响着家庭的劳动力配置。家庭劳动力分配偏向于工资率高的劳动力市场,现实也证实了这一点,劳动者大多选择收入水平相对高的地点就业。同时,由于劳动力的选择是理性的,转移就业成本也是他们考虑的主要因素之一。就地就近转移的成本低,当本地就业与异地就业收入差距不大时,劳动者更倾向于选择本地就业。

此外,家庭所处的地理位置、交通状况以及当地风俗习惯和观念等也是影响劳动力就业地点选择的因素之一。例如,交通便捷的地方劳动力更愿意外出就业,特别是县域范围内交通便捷,农民可以自由、快速地往返于就业地点和家庭,那么农民更倾向于就地就近转移,尤其是摩托车的普及扩大了农民的活动范围。同时,经济相对发达和相对落后地区外出就业的观念不同也导致了劳动力配置的不同等。

综合以上分析,各因素对农村劳动力就业选择的预期作用如表5-1所示。

表5-1 各影响因素对农村劳动力外出就业选择的预期作用

分类	影响因素	对农村劳动力选择就地就近转移的预期作用	对农村劳动力异地转移的预期作用
个人特征	劳动力年龄	正向	负向
	受教育年限	负向	正向
	接受过职业教育或技能培训	负向	正向
	性别	女性更倾向于就近转移	男性更倾向于异地转移

续表

分类	影响因素	对农村劳动力选择就业就近转移的预期作用	对农村劳动力异地转移的预期作用
家庭特征	家庭劳动力数量	正向	正向
	家庭负担结构	不一定	不一定
	家庭人均耕地面积	正向	负向
	家庭拥有生产性固定资产量	正向	负向
外界因素	当地经济发展水平	正向	负向
	居住地地理位置	正向	正向
	交通状况	正向	正向
	转移成本	负向	负向

注：预期作用为各因素对劳动力就业选择的总影响。

第三节 农村劳动力就业选择模型的构建及估计

一、农村劳动力就业选择模型构建

本部分将基于理论框架的分析，综合考虑主要影响因素和数据的可获得性，构建农村劳动力就业地点选择模型。为验证影响劳动力选择就业地点的主要因素，采用如式（5-7）所示经验方程：

$$Y_i = \alpha + \beta_1 X_1 + \beta_2 X_2 + \beta_3 X_3 + \beta_4 X_4 + \varepsilon_i \tag{5-7}$$

其中，Y_i 为劳动力就业地点选择，$Y_i = 1$ 为专门从事农业生产或以从事农业生产为主，$Y_i = 2$ 为选择就地就近转移就业，$Y_i = 3$ 为选择异地转移就业；X_1 表示劳动力个人特征，X_2 表示家庭特征，X_3 表示外部影响因素，X_4 表示虚拟变量，主要变量定义及说明如表 5-2 所示。

表 5-2 影响劳动力就业选择行为的变量定义

类型	分类	变量及含义
因变量	就业选择（Y）	就业的选择，1. 家庭生产经营；2. 就地就近转移；3. 异地转移
自变量	个人特征（X_1）	劳动力年龄（年）
		年龄的平方
		劳动力受教育年限（年）
		接受培训情况，1. 是 0. 否
		性别，1. 男性 0. 女性
	家庭特征（X_2）	家庭劳动力数量（人）
		家庭负担程度（%），以家庭中 7 岁以下小孩和 65 岁以上老人的比例表示
		家庭人均耕地面积（亩）
		家庭生产固定资产数量（元），以年末家庭生产性固定资产总值表示
		摩托车数量（辆）
	外部环境（X_3）	村距最近公路的距离（公里）
		家庭所在村企业个数（个）
		所在位置，以是否在城郊表示，1. 是 0. 否
	虚拟变量（X_4）	地区虚拟变量，东部：east = 1，else = 0；中部：mid = 1，else = 0

由于被解释变量农村劳动力就业选择 Y_i 为不连续、离散的变量，而且就业选择有三种选择的可能，并且是无序的，因此，采用 Logit 多元选择模型对建立的经验方程进行估计。Logit 模型采用的逻辑概率分布函数，具体形式如式（5-8）所示：

$$P_i = F(Z_i) = F(\alpha + \beta X_i) = \frac{1}{1 + e^{-Z_i}} = \frac{1}{1 + e^{-(\alpha + \beta X_i)}} \tag{5-8}$$

经整理后等式变为如式（5-9）所示：

$$Z_i = \log \frac{P_i}{1 - P_i}; \tag{5-9}$$

$$\log \left(\frac{P_i}{1 - P_i} \right) = Z_i = \alpha + \beta X_i$$

经过转换后因变量就成为选择机会比的对数。同理，将二元 Logit 选择模型应用到多元选择模型中，因变量变为任意两个选择机会比的对数，即每一个方程都假设一个选择对另一个选择的机会比对数是自变量的线性函数。由此被估计模型的具体形式如式（5-10）所示：

$$\log \frac{P_2}{P_1} = \alpha_{21} + \beta_{21}X_{1i} + \gamma_{21}X_{2i} + \delta_{21}X_{3i} + \theta_{21}X_{4i};$$

$$\log \frac{P_3}{P_1} = \alpha_{31} + \beta_{31}X_{1i} + \gamma_{31}X_{2i} + \delta_{31}X_{3i} + \theta_{31}X_{4i}; \quad (5-10)$$

$$\log \frac{P_3}{P_2} = \alpha_{32} + \beta_{32}X_{1i} + \gamma_{32}X_{2i} + \delta_{32}X_{3i} + \theta_{32}X_{4i}$$

其中，P_j，$j=1,2,3$，表示第 j 个选择的概率，i 表示第 i 个人的特征。

由于样本没有足够多的重复，为保证模型估计参数的一致性和正确性采用极大似然法对模型进行估计。

二、数据说明

经验分析所使用数据主要来自于农业部固定观察点 2014 年农村住户调查数据。数据涉及了全国 30 个省（自治区、直辖市）农村住户调查情况，调查内容主要包括农村家庭成员构成、耕地状况、农户农业生产、外出就业情况和收支情况等。数据采用分类抽样调查的方法。根据各省、区、市村庄的类型，城市郊区和非城市郊区，富余地区和贫困地区，然后在各类型内抽取一定单位构成样本，对于农户的选择按照收入水平的高低进行抽样。2014 年全国抽样调查农户 20640 户，农村人口共计 78051 人，农村劳动力 51888 人，其中，从事农业、兼业或家庭经营的劳动力为 30946 人，就地就近转移劳动力 11873 人，异地转移劳动力 9063 人，分别占农村劳动力的 59.64%、22.88% 和 17.47%。数据具体描述如表 5-3 所示。

表 5-3 样本数据描述

观察对象	2014 年	
	均值	标准差
家庭人口数（人）	4.39	1.64

续表

观察对象	2014 年	
	均值	标准差
家庭劳动力数（人）	3.23	1.16
家庭农业劳动力数（人）	0.49	0.89
就地就近转移劳动力数（人）	0.73	1.05
异地转移劳动力数（人）	0.61	0.98
劳动力平均年龄（岁）	43.49	13.32
劳动力平均受教育年限（年）	7.73	2.98
家庭需负担的人口数量（人）	0.69	0.87
家庭平均耕地面积（亩）	9.23	16.19
家庭生产性固定资产量（元）	12375.19	12071.3
家庭总收入（元）	34721.01	52577.12
本地从业工资性收入（元）	26579.8	27013.35
外出从业工资性收入（元）	38188.85	31188.45
家庭距公路的距离（公里）	3.37	10.37
家庭所在地拥有企业数（个）	24.61	88.95

从样本的整体描述中可以看出，目前我国农村家庭平均规模为 4~5 人，平均每户家庭有 3~4 个劳动力，在家庭劳动力中从事纯农业生产的劳动力已明显少于转移就业劳动力，其中，农业、兼业、家庭经营劳动力 1.89 人，就地就近转移劳动力 0.73 人，异地转移劳动力 0.61 人。劳动力平均年龄为 43.5 岁，平均受教育年限为 7.73 年，相当于初中文化水平。农户家庭平均年收入为 34721 元，外出从业工资性收入为 38188 元，高于本地从业工资性收入的平均水平。家庭平均承包土地面积为 9.23 亩。

如表 5-4 所示，通过对选择农业生产、就地就近转移或异地转移劳动者特征值的初步统计大致可以发现：①年龄越小越趋向于外出就业，尤其是异地转移就业；②就地就近转移和异地转移的劳动力受教育程度均明显高于务农劳动力，异地转移劳动力文化水平略高于就地就近转移劳动力；③外出就业的男性劳动者比例明显高于女性劳动者；④就地就近转移劳动力家庭人均耕地面积大于异地转移劳动力家庭人均耕地面积，但两者均小于以务农为主劳动力家庭承包地规模；

⑤就地就近转移劳动力家庭人均固定资产量明显高于异地转移劳动力。

表5-4 主要解释变量初步统计结果

解释变量	以从事农业为主	就地就近转移	异地转移
平均年龄（岁）	48.18	42.00	34.60
平均受教育年限（年）	6.97	8.37	8.94
接受培训比例（%）	3.33	9.31	10.64
男性劳动力比例（%）	43.28	60.95	34.20
家庭负担结构（%）	11.97	13.03	14.68
人均耕地面积（亩）	3.08	1.73	1.55
人均生产性固定资产额（元）	7656.69	8929.42	4001.06

三、模型估计及结果

根据样本数据和前面描述的解释变量，采用最大似然法对农村劳动力就业选择模型进行估计，运用 Stata 软件的估计结果如表 5-5 所示。

表 5-5 就业选择的多元 Logit 模型估计结果

解释变量	Ⅰ.就地就近转移/未转移		Ⅱ.异地转移/未转移		Ⅲ.就地就近转移/异地转移	
	系数	z 值	系数	z 值	系数	z 值
年龄	0.0813	(7.11)***	0.0751	(5.71)***	0.0062	(0.44)
年龄平方	-0.0012	(-8.96)***	-0.0017	(-10.25)***	0.0005	(2.69)***
受教育年限	0.0524	(6.69)***	0.0503	(5.87)***	0.0021	(2.23)**
技能培训	0.7949	(10.15)***	0.4173	(4.84)***	0.3775	(4.63)***
性别	0.5139	(13.15)***	0.7713	(17.83)***	-0.2574	(-5.59)***
家庭劳动力数	-0.0603	(-3.32)***	0.0688	(3.50)***	-0.1290	(-6.15)***
家庭负担结构	-0.2313	(-1.90)*	0.3458	(2.59)***	-0.5772	(-4.07)***
人均耕地面积	-0.0823	(-9.69)***	-0.0395	(-5.08)***	-0.0428	(-4.20)***
人均生产性固定资产量	0.00000168	(1.91)*	-0.00000339	(-3.02)***	0.00000507	(4.61)***
家庭摩托车数量	0.1483	(5.63)***	-0.2061	(-6.61)***	0.3544	(11.11)***
村距公路距离	0.0303	(3.86)***	0.0179	(2.04)**	0.0124	(1.33)

续表

解释变量	Ⅰ.就地就近转移/未转移		Ⅱ.异地转移/未转移		Ⅲ.就地就近转移/异地转移	
	系数	z值	系数	z值	系数	z值
所在村企业数量	0.0017	(-2.30)**	-0.0010	(-1.32)	-0.0007	(-2.81)***
是否为城郊	-0.0556	(-1.06)	-0.4610	(-6.99)***	0.4053	(5.96)***
是否为平原	-0.0400	(-0.87)	-0.3052	(-5.74)***	0.2652	(4.75)***
是否为山区	-0.3342	(-6.62)***	0.0498	(0.96)	-0.3840	(-6.82)***
东部地区虚变量	0.1003	(1.93)*	0.3516	(6.05)***	-0.2513	(-4.09)***
中部地区虚变量	0.1140	(2.39)**	0.6478	(12.67)***	-0.5338	(-9.82)***
系数	-2.3149	(-8.52)***	-1.8687	(-6.32)***	-0.4461	(-2.40)***

Number of obs = 11309, Log likelihood = -9579.91, Prob > chi2 = 0.0000

注：未转移指以从事生产为主或专门从事农业生产的农村劳动力；*、**、***分别表示0.1、0.05、0.01的显著性水平。

Ⅰ组、Ⅱ组以未转移劳动力为对照组，估计结果表明大多数变量对农村劳动力外出就业有显著的影响，Ⅰ组中城郊、平原的虚拟变量和Ⅱ组中所在村企业数量和是否为山区的虚拟变化对农村劳动力就业选择影响不显著。具体分析如下：

在农村劳动力的个人特征中，年龄对农村劳动力就地就近转移和异地转移呈倒"U"型影响，即随着年龄增长外出就业倾向不断增加，到达一定年龄后又不断减少。受教育程度越高和接受过技能培训的农村劳动力外出就业的可能性越大。性别对农村劳动力就地就近转移和异地转移具有相同的影响，即男性劳动力与女性劳动力相比更倾向于外出就业。这些结果与以往大部分研究成果是一致的。

从家庭特征看，家庭劳动力数量多，说明劳动力充足，异地转移就业概率增加，而就地就近转移概率减少。家庭人口负担结构与就地就近转移也呈负相关关系，与异地转移呈正相关关系，这与预期结果不太一致，这可能由于负担重的家庭需要更高的收入，所以更倾向于异地转移就业。人均耕地面积对农村劳动力就地就近转移和异地转移均有负向影响，农户家庭人均耕地面积在一定程度上反映了农业生产状况，如果人均耕地面积较小，土地流转的概率增加，劳动力外出就业的倾向增加。这一点也从家庭人均生产性固定资产量对劳动力就业的影响得到印证，家庭人均生产性固定资产量反映了家庭生产经营状况，人均生产性固定资产越高劳动力异地就业的概率降低,而本地就业的概率反而增加,这可能由于就地就近转移的农民也可兼顾家庭生产。我们把家庭拥有摩托车数量作为农户家庭交通便利状况的重要解释变量,拥有摩托车说明出行更为便利,摩托车在很大程度上扩大了农民的活动范围,因而家庭拥有摩托车数量对劳动力就地就近转移有正向影响,而与农村劳动力异地转移就业呈负相关。

从环境特征看,反映家庭所在地交通状况、经济发展、地理位置等变量对农村劳动力就地就近转移和异地转移就业具有不同的影响。家庭所在村距公路的距离与农村劳动力转移就业呈正相关关系,即家庭所在村越偏远,外出就业的概率越大,这主要因为居住地越偏僻,自然条件相对较差,农民改变现状的意愿更为强烈,尤其是一些偏远山村出现了较为严重的空心化现象。家庭所在地企业越多说明当地经济发展越活跃,劳动力就地就近转移的概率增加。家庭位于城镇郊区或平原地区对农村劳动力就地就近转移的影响不显著,对异地转移均有负向影响;山区对农村劳动力就地就近转移产生负向影响,对异地转移产生了正向影响,这可能由于平原地区经济相对活跃,当地提供的非农就业机会多,因此外出就业概率降低,而山区相对交通不便、经济不发达,劳动力更多地选择异地转移就业。区域虚拟变量对就业选择也有显著的影响,东部地区和中部地区对于就地就近转移和异地转移都有促进作用。

为了进一步考察农村劳动力在就地就近转移和异地转移之间的选择行为,我们以异地转移就业作为参照组进行回归(见表5-5第Ⅲ组),估计结果表明,除年龄和村距公路的距离两个变量对农村劳动力选择就地就近转移或异地转移影响不显著外,其他各变量对劳动力就业选择均有显著影响,具体分析如下:

(1)年龄的平方与选择就地就近转移呈正相关关系,随着劳动力年龄的增加劳动力选择就地就近转移的概率大于选择异地转移的概率,即劳动力年龄越大越倾向于就地就近转移。

(2)受教育程度和接受技能培训对农村劳动力就地就近转移有促进作用,但却降低了异地转移的概率。受教育程度和接受技能培训都是反映农村劳动力素质的变量,较异地转移受教育程度高、接受过技能培训的劳动力更倾向于本地就业,这与我们的预期是相反的。这主要由于就地就近转移的农村劳动力自主创业、自主经营的情况要多于异地转移就业的劳动力,而这些自主创业劳动力素质相对较高,尤其是随着产业转移,返乡就业的劳动力增多,如果本地有就业机会，劳动力更愿意留在当地就业。

（3）男性劳动力与就地就近转移呈负相关关系，即女性与男性相比更倾向于就地就近转移，而男性劳动力更倾向于异地转移，这与理论预期是一致的。男性劳动力与女性劳动力有着不同的社会分工和家庭分工，一般来说男性劳动力是家庭生产经营的主要支柱，女性劳动力主要料理家务和照顾老人小孩并兼顾生产，男性承受困难和风险的能力要强于女性，所以女性更倾向于选择就地就近转移，在增加非农收入的同时还可以兼顾家庭，而男性选择异地转移的倾向大于女性。

从农村劳动力的家庭特征看，各特征值对农村劳动力选择就地就近转移产生了显著的影响。具体包括以下几个方面：

（1）家庭劳动力数量与就地就近转移呈负相关关系。家庭劳动力越多，劳动力就地就近转移的倾向反而降低，家庭人口数和劳动力数是反映家庭规模的变量，家庭规模大、劳动力充足，那么家庭成员在选择就业过程中不必受到家庭过多的牵制，不用考虑兼顾家庭生产生活，所以随着家庭人口和劳动力数量的增加，相对于异地转移选择就地就近转移的概率降低。

（2）家庭负担结构与农村劳动力就地就近转移呈负相关关系，这与预期是相反的。在回归模型中家庭负担结构由家庭中 7 岁以下小孩和 65 岁以上老人占家庭人口总数的比例表示，家庭负担结构越重，说明家中需要照顾的老人和小孩的比例越高。但又由于农户家庭负担重，需要更多的收入来支撑家庭，一般异地转移的收入水平高于本地，迫于生活的压力，异地转移收入的效应高于在家照顾老人和儿童。因此，模型的回归结果显示，家庭负担越重，异地转移的概率增加。

（3）人均耕地面积与劳动力就地就近转移呈负相关关系。随着人均耕地面积增加，劳动力就地就近转移概率降低，这与理论探讨的结果恰好相反，人均耕地面积在一定程度上反映了农业生产情况，人均耕地面积大则农业生产规模相对也大，相应地就需要更多的劳动力从事农业，或就地就近转移同时能够兼顾农业生产。但回归结果的异常让我们重新反思了这一问题，人均耕地面积大的地区更有利于农业机械和技术的推广和使用，大大提高了农业劳动生产率，可以释放出更多的农业剩余劳动力，尽管人均耕地面积大，但农业生产并没有给劳动力外出就业造成更多的压力，而且人均耕地面积大的地方主要集中在传统农区或者粮食主产区，这些地区一般非农产业发展缓慢，能够提供的非农就业机会少，所以人均耕地面积越大就地就近转移的概率越小，异地转移的可能性增加。人均耕地面积小的地区往往集中在城镇郊区或非粮食主产区，农民不以农业生产为主，当地乡村经济发展迅速，就业机会多，所以，人均耕地面积越紧张，农村劳动力就地就近转移的概率越大。

（4）人均生产性固定资产量与农村劳动力就地就近转移呈正相关关系。一方面人均生产性固定资产量是家庭生产经营规模的体现，人均固定资产量大，则家庭生产经营规模大，家庭生产需要更多的劳动力，而就地就近转移可以兼顾家庭生产；另一方面拥有人均生产性固定资产量相对高的家庭收入水平也相应高，所以降低了劳动力外出就业的积极性，特别是异地转移的积极性。所以人均生产性固定资产量越大，相对于选择异地转移来讲，农村劳动力就地就近转移的概率越高。

（5）家庭摩托车数量与劳动力就地就近转移呈正相关关系。一方面家庭摩托车数量增加农村劳动力就地就近转移的概率增加，摩托车作为农民最重要的交通工具，极大地方便了农民的出行，而且扩大了农民的活动范围，特别是促进了农村就地就近转移，摩托车的普及使一部分就地就近转移劳动力可以方便地往返于居住地和工作地之间；另一方面家庭摩托车数量在一定程度上反映了当地经济发展环境，摩托车普及的地区一般经济发展较好、农民收入水平较高，而且具有优越的地理环境，所以说家庭摩托车数量越多，与异地转移相比劳动力更愿意就地就近转移。

从劳动力家庭所在的环境特征看，除所在地距离公路距离的影响不显著外，其他环境特征便利均对农村劳动力就地就近转移有显著的影响。具体表现在以下几个方面：

（1）所在村企业数与农村劳动力就地就近转移呈负相关关系。这一估计结果与预期不一致。这主要是在模型变量选择上，衡量的是所在村的企业数量，代表了本村的发展水平，村内企业多说明当地经济发展水平较好，但村内企业相对提供的劳动岗位有限，还是有许多劳动力选择异地转移就业。

（2）劳动力家庭所在地理位置也对劳动力选择就地就近转移有着显著的影响。一是家庭所在地位于城镇郊区对农村劳动力选择就地就近转移有显著的正向作用，一般城镇郊区经济相对发达，而且城市中的生产类企业都逐渐向城郊转移,产业的转移也带动了第三产业的发展,城郊相对于传统农区经济要素更活跃,因而也有更多就业机会,所以,家庭位于城郊的劳动力更倾向于就地就近转移;二是家庭所在地是平原与农村劳动力就地就近转移呈正相关关系,平原地区交通便利、经济发展相对较好,良好的经济发展环境有利于吸纳农村劳动力本地就业,所以说平原地区有利于农村劳动力就地就近转移;三是家庭所在地是山区与农村劳动力就地就近转移亦呈负相关关系,与预期一致,山区相对于丘陵和平原地区交通不便、经济发展滞后、信息闭塞、观念落后,所以降低了异地就业的概率。

(3) 区域虚拟变量也对农村劳动力就业选择有显著的影响。东部和中部地区均趋向于异地转移就业,这说明即便是东部地区,县域经济对农村劳动力就地就近转移的吸引力不够。

第四节 就地就近转移和异地转移的区域差异分析

通过前面的研究发现,个人特征、家庭特征以及所处环境的差异使得农村劳动力有着不同的就业选择,那么,测定这些特征值的差异对于农村劳动力选择就地就近转移或异地转移的影响,可以进一步理解农村劳动力的就业选择行为。同时,东部和中西部在就地与异地转移结构方面有着显著的差异,分析差异产生的原因对于加深这一问题的研究也具有重要意义。

根据前面建立的农村劳动力就业选择模型,对东部地区和中西部地区分别进行估计,为了简便也略掉了年龄平方项,而且由于分区域做回归,所以也略掉了地区虚变量。使用 Stata 软件进行回归的结果如表 5-6 所示。

表 5-6 东部、中西部地区农村劳动力就业选择的估计结果

解释变量	东部地区		中西部地区	
	系数	z 值	系数	z 值
年龄	0.0505	(10.88)***	0.0373	(15.34)***
受教育年限	0.0340	(1.76)*	-0.0057	(-0.55)

续表

解释变量	东部地区		中西部地区	
	系数	z值	系数	z值
培训	0.4304	(2.42)**	0.3908	(4.19)***
性别	-0.4505	(-4.55)***	-0.2132	(-4.03)***
家庭劳动力数	0.0404	(0.87)	-0.1423	(-6.07)***
家庭负担结构	-0.4283	(-1.39)	-0.7824	(-4.86)***
人均耕地面积	0.1495	(-2.61)***	0.0216	(1.49)
人均生产性固定资产量	-0.000000199	(-0.01)	0.0000192	(7.08)***
家庭摩托车数量	0.3031	(5.28)***	0.3707	(9.42)***
村距公路距离	0.0839	(3.56)***	0.0108	(1.00)
所在村企业数量	-0.0074	(-5.59)***	0.0061	(3.01)***
是否为城郊	-0.8034	(-5.85)***	0.9457	(11.05)***
是否为平原	-0.8875	(-6.12)***	0.4755	(7.30)***
是否为山区	-1.5323	(-11.75)***	-0.2092	(-3.14)***
系数	-1.1834	(-3.23)***	-1.4351	(-7.57)***
其他	Number of obs = 2620 Log likelihood = -2160.81 Prob > chi2 = 0.0000		Number of obs = 8689 Log likelihood = -7266.49 Prob > chi2 = 0.0000	

注：**、***分别表示0.05、0.01的显著性水平。

表5-6分别列出了东部地区和中西部地区劳动力就业选择影响因素的估计结果，通过粗略的对比发现，影响劳动力就业选择的诸因素在东部地区和中西部地区不尽相同，这体现在影响因素的作用方向和作用大小。其中，年龄、培训、性别、家庭负担结构、人均耕地面积、摩托车数量、山区等因素，对两个区域农村劳动力就业选择有着相同方向的影响，具体的影响前文已做说明不再赘述。受教育年限、家庭劳动力数量、所在村企业数、所在地理位置（城郊、平原）的虚拟变量对劳动力就业选择体现出不同向的影响。对于东部地区，受教育年限越长就地就近转移的劳动力越多，东部地区相对发达，劳动力素质高的劳动力在本地就可以找到工作，特别是自主创业的劳动者大多选择回乡创业；中西部地区经济社会发展与东部存在差距，所以受教育程度高的劳动力往往向外流动、异地转移就业，所以受教育程度对于东部和中西部地区有着不同向的影响。东部地区经

济相对发达，县内就业机会和收入高于中西部地区，所以东部地区家庭劳动力多地更倾向于本地就业同时兼顾家庭，西部地区的劳动力希望能够得到更多的收入，更倾向于异地转移就业。由于所在村的企业数量具有较大的局限性，在东部地区体现出所在村相对发达的反而就地就近转移就业倾向减少，西部地区就地就近转移就业倾向增加。同样，所处地理位置为城郊和平原的东部地区本地就业倾向减少，主要由于东部城郊或平原地区交通网络发达、区域间经济互动频繁，县域的界限不明显，这些地区县域范围外转移就业的概率增加；中西部地区就地就近就业的概率增加。正是由于这些影响因素的差异使得东部地区与中西部地区具有不同的本地、异地就业结构。

第五节 研究结论

根据以上分析，影响农村劳动力就地就近转移的因素较多，除虚拟变量外共罗列了11种具体因素，大体可以划分为三类，分别是个人特征、家庭特征和外界环境，这些因素对农村劳动力就业选择具有显著影响。

通过以家庭生产经营为参照组的估计发现：①个人特征中，年龄对农村劳动力外出就业的概率呈倒"U"型影响；受教育程度、接受过培训、性别对劳动力就地就近转移和异地转移均有着显著的正向作用，受教育程度越高和接受过技能培训的劳动力外出就业的机会越多，因而外出就业的可能性越大，包括就地就近转移和异地转移，男性劳动力比女性劳动力外出就业的概率高。②家庭特征中，家庭劳动力数量和家庭负担结构对异地就业有正向影响，对就地就近转移有负向影响；家庭人均耕地面积在一定程度上限制了劳动力外出就业；人均生产性固定资产水平高，异地转移就业的可能性降低，而就地就近转移的概率增加；拥有摩托车的劳动力就地就近转移的概率增加，异地转移就业的概率减少。③外部环境中，家庭所在地越偏远，就地就近转移和异地转移的概率均增加；当地企业数量越多，就地就近转移概率增加，对异地就业的影响不显著；家庭位于城郊或平原对农村劳动力就地就近转移影响不显著，对异地转移有负向影响；而山区就地就近转移概率降低，对异地转移有正向影响。

通过以异地就业为参照组的估计发现：劳动力年龄、受教育程度、接受过技能培训、人均生产性固定资产数量、家庭摩托车数量、距公路距离等因素对农村劳动力选择就地就近转移有正向作用，而男性、家庭劳动力数量、人均耕地面积等因素对农村劳动力选择就地就近转移有反向作用。

综合以上分析结果可以得出以下推论：

（1）就地就近转移与异地转移存在明显的特征差异，具有较强的互补性，两者相互区别又相互联系，理顺两者间关系可以有效地促进劳动力在本地与异地间良性流动，这一点可以从劳动力年龄、素质、家庭负担等因素的回归结果中看出。

（2）分析表明，劳动力素质越高，越倾向于就地就近转移。这说明家乡对于农村劳动力返乡就业、创业有较大的吸引力，如果在当地就业能够得到更高的收入，那么高素质的劳动力更愿意留在本地就业。

（3）当地经济发展水平越高，劳动力本地就业比例越大，这说明农村劳动力本地就业与县域经济发展、小城镇建设及乡镇企业发展密切相关。随着当地经济发展水平的不断提高，农民选择异地就业的意愿将会降低，农民更倾向于在本地就业，同时兼顾家庭生产生活。这也表明国家缩小城乡区域差距的努力将使更多的劳动力留在县域内就业，在造福当地经济的同时，可以减轻大中城市的就业压力，避免"城市病"。同时县域经济的发展也为城市提供更加优质的劳动力资源，形成良性互动的经济发展结构。

（4）分析显示，交通越便利，选择本地就业的意愿越高。随着农村基础设施建设的改善，以及摩托车、汽车等交通工具的普及，农民留在家乡工作的条件会更好。

（5）我们还可以看到，劳动力家庭负担越重，选择异地转移就业的越多。这与我们的预期不同，但这也说明农民为获得更高的收入舍弃家庭。这突出说明了为农民提供基本社会保障的必要性，这种保障可以进一步解放农村劳动力，促使其根据自身能力自由选择就业地点，不受自身及家庭负担和风险的束缚。

（6）人均耕地面积与就地就近转移呈反向关系、人均家庭生产性固定资产量与就地就近转移呈正相关关系。这说明农业生产、家庭经营对农民选择外出就业有牵制作用。人均耕地面积大更利于土地流转，解放了劳动力，反而人均耕地面积小，机械化难以实施，在一定程度上限制了农民异地就业。同时也表明农民选择在本地就业有利于家庭经营。

综上分析，以上各影响因素均对农村劳动力就业决策起了重要的作用，但其中只有劳动力受教育程度和接受培训状况、当地经济发展状况和基础设施建设是影响农村劳动力就业选择的可控因素，我们可以试图通过这些因素的改善来提高农村劳动力就地就近转移的质量，优化农村劳动力的转移结构，从而引导农村劳动力有序转移。

第六章 农村劳动力就地就近转移新动力

——农民工返乡就业创业

随着东部和西部差距的缩小及城乡统筹的发展,近年来有越来越多的农民工返回家乡就业,还有一些带着项目、资金、技术返回家乡自主创业,为家乡的发展做出新贡献,成为农村劳动力就地就近转移的一个重要组成部分,也成为新形势下农村劳动力本地就业的新亮点。据农业部统计,近5年返乡创业人数增幅均保持在两位数左右,农民工返乡创业人数已累计超过450万人,农民创业人数越来越多,到2015年底,农民累计创办2505万个中小微企业,农产品加工企业40多万家、休闲农业经营主体27万家、农业新型经营主体250万家[①]。这样一个生机勃勃的返乡就业创业热潮,正在引起社会各界的广泛关注。农民工返乡创业加速了资金、技术、人才、产业向农村和小城镇聚集,活跃了农村经济,增加了就业机会,为农村劳动力的就地就近转移提供了新动力。

第一节 农民工返乡就业创业的背景

从1978年改革开放以来,我国农村劳动力转移就业不断活跃起来,从本地

---

① http://www.lm.gov.cn/PublicSentimentServices/content/2016-06/22/content_1206650.htm,2016年8月20日。

乡镇企业就业到跨区域转移，至20世纪90年代末逐渐形成了规模庞大的民工潮，并且在21世纪规模不断扩大，成为推进我国工业化进程的重要力量。在这一过程中，也有部分农村劳动力或因家庭原因或因社会环境变化等因素，返回家乡就业、创业。可以说，农村劳动力从本地到异地和从异地到本地的转移就业是同时存在的两个过程。目前，我国每年约有2.7亿农民工外出就业，尽管农民工家庭的收入状况得到明显好转，但也出现了许多社会问题。例如，他们难以融入城市，社会权益难以保障，农民外出后的空心村问题，留守老人、留守儿童等问题，都引起了社会广泛关注。2008年全球金融危机后，全球经济增速放缓，大宗商品价格下跌，而国内土地、劳动力等生产要素价格不断上涨，国内企业尤其是出口外贸型企业受到较大冲击。沿海产业面临转型升级，部分企业开始向要素价格相对低廉的中西部地区转移，带动了产业、资金、技术向中西部地区聚集。随着产业梯度转移，中西部地区的就业机会逐渐增多，吸纳了部分农民工返乡就业、创业，农民工返乡人数不断增加，有效缓解了留守儿童、老人等社会问题。随着我国经济经历过去30多年的高速增长，经济增速由2010年开始波动下行，经济发展进入新常态。2015年中央经济工作明确提出以去产能、去库存、去杠杆、降成本、补短板为重点的供给侧结构性改革，在适度扩大总需求的同时，着力提高供给体系质量和效益。一些落后产业、落后产能逐渐淘汰，新产业、新业态不断培育。在国家创新驱动发展的重大战略指引下，国务院出台了《关于大力推进大众创业万众创新的若干政策措施的意见》（国发〔2015〕32号），鼓励农民工、大学生和复员军人返乡创办企业，推进中小微企业的发展，培育新业态，不断活跃市场经济。2004年以来，我国农民收入增长实现了"十二连快"，且增长幅度高于城市居民，逐步缩小了城乡收入差距。农村劳动力外出就业为提高农民收入水平发挥了重要作用。但2016年上半年以来，我国农民收入增速逐渐放缓，农民返乡就业、创业成为促进农民增收的新途径。特别是2015年6月21日国务院办公厅又进一步发布了《关于支持农民工等人员返乡创业的意见》（国办发〔2015〕47号），为农民工返乡就业、创业提供了更有利的政策环境。

第二节 农民工返乡就业创业情况

一、农民工返乡创业意愿

农民工是我国产业工人的重要组成部分,每年约有2.7亿农村劳动力外出就业。从第一代农民工外出就业到目前已有30多年的时间,这些外出就业的劳动力特别是去沿海地区打工的农村劳动力,开阔了视野,积累了大量的工作经验,技能水平不断提高,资金积累不断增多。随着近年来新农村建设的不断推进和城乡一体化发展进程不断加快,县域范围的就业和创业机会不断增加,农民工返乡就业、创业意愿增强。

根据农研中心2016年初组织的学生寒假返乡农民工调研问卷显示,农民工创业的意愿较为强烈,有1/3的农民工有自主创业的意向。在调研的739名农民工调查者中有创业意向的为248人,占33.56%。其中,有意向在涉农领域创业的农民工占40.57%,最想创业的领域居前四位的分别是规模种养殖业、休闲农业、农产品加工和农产品销售,分别占在涉农领域创业意向的80.81%、27.27%、25.25%和24.24%;打算在非农领域创业的农民工占49.43%,主要行业有批发零售业、住宿餐饮业和休闲娱乐业,分别占在非农领域创业意向的44.14%、42.76%和36.55%。计划在1年内创业的农民工占22.18%,即有创业意向并计划实施的比例不高,大部分农民具有希望能够创业的美好愿景(见图6-1)。86.61%的农民认为创业最主要的目的是提高生活水平。农民打算创业的初衷是主要是对所从事行业的热爱,干出一番事业。打算创业的地点以本县范围内为主,计划在本县范围内创业的占83.26%。

二、农民工返乡就业现状

随着农民工外出就业大潮的形成,农村地区的劳动力资源越来越匮乏,出现许多空心村,带来留守老人、留守儿童和留守妇女等社会问题。照顾家庭成为农民工返乡就业的最主要原因。特别是近年来农村基础设施建设有较大改善,劳动

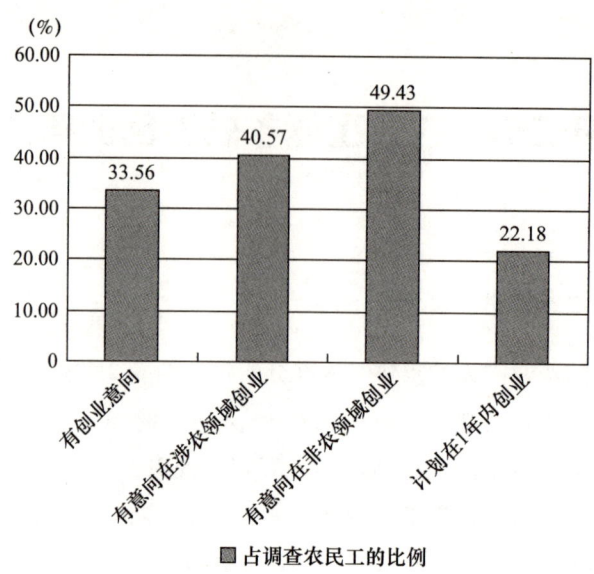

图 6-1　农民工返乡创业意向

资料来源：2016 年调查数据。

密集型产业逐渐向中西部地区和县域范围内转移，现代农业蓬勃发展，这些给当地农民提供更多的就业机会，农村劳动力返乡的动力不断增强。调研结果显示，目前在本县范围内就业的农村劳动力占转移就业劳动力的 55.32%。其中，这些农村劳动力选择在本县就业最主要的原因是离家近、照顾家人，占 78.70%。在就地就近转移就业的劳动力中，一直在本县就业的占 55.77%，外出回流的占 44.23%，可以说，返乡就业的劳动力已经占就地就近转移劳动力的 40% 以上。目前，在县外打工的农村劳动力中，有 65.19% 的劳动力有计划返乡就业，他们计划返乡最主要的原因仍是家庭因素，需要照顾家人。

在返乡就业的劳动力中，参与传统农业和与农业相关的占 49.32%，主要有种植业、养殖业、农产品加工业、农业生产资料经销、农产品销售、农业生产性服务业等；参与第二产业就业的返乡劳动力占 21.25%，主要在建筑业、加工业和工矿企业等；在第三产业就业的返乡劳动力占 29.43%，主要在运输物流、餐饮服务、商业营销等领域。返乡就业劳动力的平均年龄为 42.3 岁，高于外出就业农村劳动力年龄的平均水平。

第三节 农民工返乡就业创业的原因分析

农民是理性的，他们在从事生产的过程中追求利益最大化。农民工返乡就业、创业是在个人、家庭、宏观社会经济环境等多重因素的影响下，对输出地和输入地收益比较后，做出的一种理性选择。因此，农民选择异地还是返乡就业同样受输入地、输出地环境以及个人因素影响，即"推拉理论"。随着社会经济结构变化，城乡统筹发展，农民工的就业形势发生了很大变化。既往异地的"拉力"变为"推力"，而家乡由"推力"转变为"拉力"。其中，个人和家庭因素，尤其是农民工强烈的创业愿望和与家乡的天然联系是他们选择返乡的自身动力；输出地产业发展、基础设施改善、政策对返乡创业的支持引导以及村容村貌和生态的改善，为农民工返乡创造良好的就业环境，成为农民返乡创业的强大拉力；输入地工作辛苦、生活成本高、居住条件差、子女上学难等成为农民工返乡的外界推力；在拉力和推力外，外出打工经历是农民工返乡创业不可或缺的孵化器，打工期间农民所积累的资金、技术、市场、管理经验是实现其返乡创业梦想的基本条件（见图6-2）。

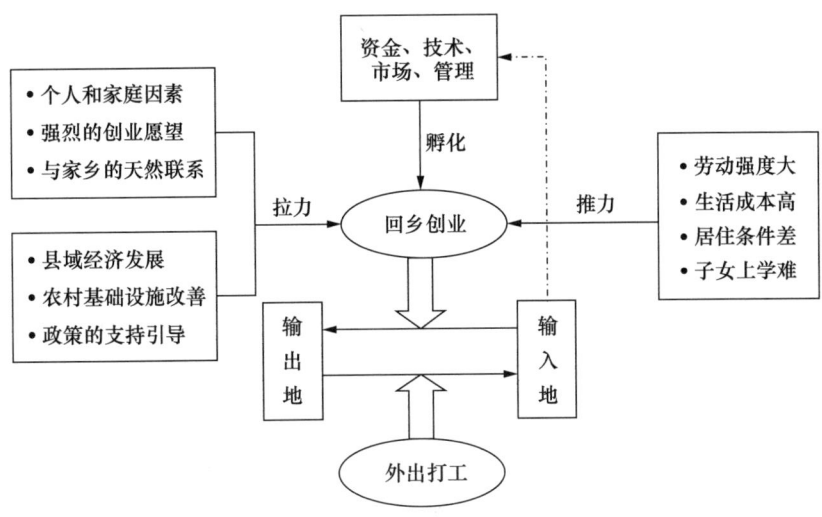

图6-2 农民工返乡就业创业的原因分析

一、对家乡的牵挂是农民工返乡的内在动力

农村劳动力常年外出打工、背井离乡,在增加收入的同时也产生了一些社会问题。留守儿童、留守老人等问题在农村社会较为普遍,留守儿童的安全、教育难以保障,老人得不到照顾和赡养。调查中,一些返乡的农民工最主要是考虑家里的孩子和老人,从大城市返回到家乡创业或就业。这些返乡农民工依靠在外积累的经验创办了自己的企业,同时通过老乡圈吸引了外出打工的农民返乡到自己的企业工作,既解决了就业问题又照顾了家里人和农活。家乡的那份牵挂成为农民工返乡的内在"拉力"。

二、产业转移为农民工返乡就业创造更多就业机会

金融危机后,我国加快了劳动密集型产业由发达地区向欠发达地区转移的步伐(石敏俊,2013)。产业的转移必然带来劳动力资源的重新配置。产业梯度转移,对于沿海发达地区可以"腾笼换鸟",节约的土地、资本、劳动力资源可以发展高新科技产业、高端服务业和战略性新兴产业,同时也有利于欠发达地区产业升级。东部沿海地区向中西部梯度转移的产业不仅有劳动密集型产业,如服装、鞋帽、食品、金属、塑胶、家具等,还有电子信息、光电技术、汽车及零部件等技术资金密集型产业,也包括制造配套产业如模具、包装等①。可以说,这些产业向中西部地区转移,为欠发达地区提供了更多的就业岗位,吸引了农村劳动力回流。

三、现代农业拓宽返乡农民就业渠道

尽管第一产业就业人数不断减少、比例逐渐降低,但是随着现代农业的发展以及与农业相关的加工业、服务业等产业的发展为农民提供了许多新的就业机会。在农业领域中,特色种植业、养殖业、设施农业、观光农业、休闲农业等成为拓宽农民就业和返乡农民创业的新渠道。返乡农民工可以创办合作社、兴办家庭农场、提供社会化服务等。随着人们生活水平的提高,农业多功能性越来越重要,除提供安全农产品供给外,农业的生态、社会、文化等功能也得到开发。特

---

① http://www.china.com.cn/guoqing/2014-12/10/content_34276867_2.htm,2016年9月19日。

别是地理位置优越、自然条件较好的地区，具有发展农业观光、休闲、旅游等优势，带动了返乡农民工创业和就业。除农业外，与农业相关的第二、第三产业也拓宽了就业渠道，农产品产地初加工、包装、物流等产业发展为农民提供了就业、创业机会，"互联网＋农业"和农产品电商的发展大大降低了农民创业的成本。

四、城乡统筹为农民返乡就业营造良好环境

近年来，随着城乡统筹一体化发展和新农村建设步伐加快，农村的基础设施建设不断完善，公共服务水平不断提高，为农民工返乡就业创业提供了良好的软硬件环境。农村的"水、电、路、气、房"建设不断推进，人居环境整治取得进展，农村的生产生活条件得到较大改善。特别是小城镇建设的推进，县域经济不断活跃，城镇化水平的提高带动了第三产业发展，创造了许多就业机会，增加了创业空间。"互联网＋"等新兴产业的发展为农民工返乡创业提供了广阔的平台。调研显示，返乡农民工反映目前乡村与城市生活之间的差距越来越小，特别是交通、互联网和物流业的蓬勃发展连通了农村与城市，使得乡村的生活变得更加便利、舒适，越来越多的农民工愿意返回家乡就业。

五、沿海地区产业转型升级压缩部分劳动力需求

2008年国际金融危机后，世界经济增长缓慢。受其影响，我国经济增速放缓，经济发展进入新常态，沿海地区企业面临转型升级。近年来，随着沿海地区劳动力工资、土地租金、用电等成本的快速上涨，国内沿海地区产业发展面临"瓶颈"。尤其是外贸型的劳动密集企业受国际市场冲击较大，一些中小企业关停倒闭。部分有实力的企业为提高竞争力，通过技术改造、设备更新，提高了机械化水平和产品的技术含量，劳动生产率大幅提高，替代了部分劳动力。还有部分外商投资企业已将工厂转向东南亚等劳动成本更低的地区。企业转型升级和产业转移，使东部地区企业劳动力市场空间缩小。这些淘汰岗位的劳动者一般是短期失业，大部分可以转到其他企业就业，或者选择返乡就业。

六、农民工难以在大中城市落地生根

尽管从第一代农民工进厂进城有30多年的历史了，但只有极少数农民工能

够真正融入城市生活。在外打工的农民与家人聚少离多,城市高昂的生活成本和房价,使农民工一家人难以在城市团聚。子女教育、医保、社保、养老等很难纳入当地的统筹,农民工所能享受的社会保障主要是在迁出地。特别是目前大中城市,已经出现拥堵不堪、生活质量下降、社会资源有限、公共服务不到位等"城市病",城市对农民工的服务和保障非常有限。农民工真正融入大中城市的成本高、难度大,成为他们返乡的"推力"。

第四节 存在的问题

一、返乡创业融资困难

返乡创业融资难问题已成为农民工返乡创业和发展的"瓶颈"。对普通农民工的调查显示,他们认为资金筹措困难是创业面临的首要难题,占71.35%;其次认为当地购买力不足,占42.98%;再次是人才不足,占33.88%;认为审批企业难、立项难的占28.65%;认为用地难的占28.10%。返乡农民工创业多以小微企业为主,初始资金对于创业起步非常关键,在有计划创业的返乡农民工中,83.53%的农民认为创业最需要的资源为资金。农民创办小微企业抗市场风险能力差,缺乏有效担保抵押,一般金融机构不愿意给农民贷款。对返乡创业者的调查显示,创业时曾向银行贷款的仅占38.23%,不足一半。在向银行申请过贷款的创业者中,大部分为部分批准贷款,占54.37%,全额批准的占35.92%,没有批准的占9.71%。在没有向银行申请过贷款的创业者中,不需要的占41.98%,能从亲友借款的占41.36%,能从其他民间渠道借款的占1.85%,而另外14.81%的创业者则因银行贷款办不下来,不愿去申请。

二、返乡创业立项难

受农民自身素质、文化水平不高,以及所掌握的社会资源少等制约,农民工寻找合适的创业项目不太容易。调查显示,认为发现创业机会非常困难的占24.50%,比较困难的占43.30%,中立的占23.65%,认为比较容易和非常容易的仅占8.55%。在问及阻碍返乡创业的主要因素时,因缺少创业资源和没有合适的创业机会分别占53.35%和14.33%,害怕失败的占21.65%,可见没有合适的创业项目是阻碍农民工创业的主要因素。返乡创业还存在较大的盲目性,农民工返乡创业的项目往往技术含量低,容易效仿和复制,农民看到一些赚钱的项目容易蜂拥而至,创业的同质性强、竞争力不足。

三、返乡就业质量不高

农民工返乡就业最直接、最主要的原因为照顾家庭。相比较返乡就业和外出打工的就业质量,返乡就业的质量与外出就业的质量存在一定的差距。调研显示,返乡就业面临最大的问题是收入水平相对低,占47.97%;其次是就业稳定性差,占26.87%;就业信息服务少占14.71%;认为缺少培训的占7.25%。59.76%的农民工认为打工地更容易找到工作,73.54%的农民工认为打工地赚钱更多。可见,外出就业质量高于返乡就业。

第五节 推进农民工返乡就业创业的建议

总体上看,返乡农民工等人员普遍受教育程度不高、知识储备不够、资金不足等。因此在政策上应加强引导,培育创业主体,让有意愿的创业者能够成功创业,成为活跃农村经济、促进城乡统筹发展、带动农民本地就业的新生力量。

一是地方政府根据当地特色做好产业发展规划,为培育返乡创业者提供良好的环境。发挥地域产业的特色和影响力,打造地理标志和品牌。通过招商引资与本地发展相结合,提高产业集聚程度。通过以大带小、以强带弱,形成创业者联盟。做好输出地与输入地的产业对接。随着经济结构调整,中西部地区承接了东部地区的产业转移。对于农民工输出较为集中的地区,应重点分析农民工在输出地主要从事的行业。承接的产业应向农民工外出就业的行业倾斜,鼓励农民工在这些行业创业,在产业发展和创业主体培育之间形成良性互动。

二是鼓励返乡农民工发展现代农业,培育成为专业大户、家庭农场、农民合作社、龙头企业、农业社会化服务组织等农业新型经营主体。尤其是培育产业龙头企业,通过产业龙头带动职业农民、专业种养大户和家庭农场等其他主体的发展。现代农业发展资金投入较大、资金回收周期长,通过农民原始积累发展难度较大,返乡人员与本地农业的结合,加快了农业新型经营主体的培育,为农民工返乡创业提供了新渠道。

三是以市场需求为导向,鼓励返乡农民工等人员成为中小工商企业主。随着人们生活水平提高,对生态农业、休闲农业、创意农业的需求不断增多,农业多功能性体现出巨大的市场价值。鼓励返乡农民工根据当地资源特点,发展休闲观光农业,成为采摘园、农家乐的老板。充分利用"互联网+"平台,联结生产和市场,成为网店的经营者,把当地安全农产品、特色手工艺品、优质加工品推向市场。

四是加强对创业主体的培训,增强创业能力。对于返乡创业和有创业意愿的人员,开展针对性强、时效性高、形式灵活的创业技能培训,包括技术培训、财务税收、经营管理、市场营销等。在职业学校、企业、合作社等部门建立创业实训基地,提高返乡创业者的实践能力。开展创业能力提升计划,邀请行业带头人、企业家、专家组成辅导团队,针对创业中存在的问题,对创业人员进行一对一辅导。全面提升返乡创业者的能力和水平,提高返乡创业能力。

五是通过返乡创业带动就业。根据当地发展的产业需求,对返乡就业的劳动力进行再培训,以满足当地产业发展的需求。做好异地就业与本地就业的对接,掌握本地外出就业劳动力主要从事的行业,有针对性地吸引这些产业的农民工返乡创业,并带动当地农民工返乡就业。

第六节 四川省支持农民工返乡就业创业的做法和经验

四川省是我国西南部省份,是我国劳务输出最早的省份,也是农民工输出大省。近年来,随着经济进入新常态、产业向中西部地区的梯度转移以及社会经济结构变化,部分农民工返回家乡就业或创业,成为促进农民增收、拓宽农民就业渠道的新途径。2015 年 6 月 21 日,国务院办公厅发布了《关于支持农民工等人员返乡创业的意见》，为农民工返乡创业提供了更有利的政策环境。四川省农民工返乡就业、创业情况，具有代表意义。

一、农民外出就业基本情况

四川省是我国劳动力输出大省，近3年农村劳动力外出就业数量都在2400万人以上（见图6-3），占全国农民工总数的近9%。2015年，全省农村劳动力转移数量为2478.9万人，其中，省外转移占45%以上，全年实现务工收入3577亿元。省外转移主要集中在珠三角、长三角以及京津冀等经济发达地区；省内转移主要集中在成都、德阳、绵阳等市。

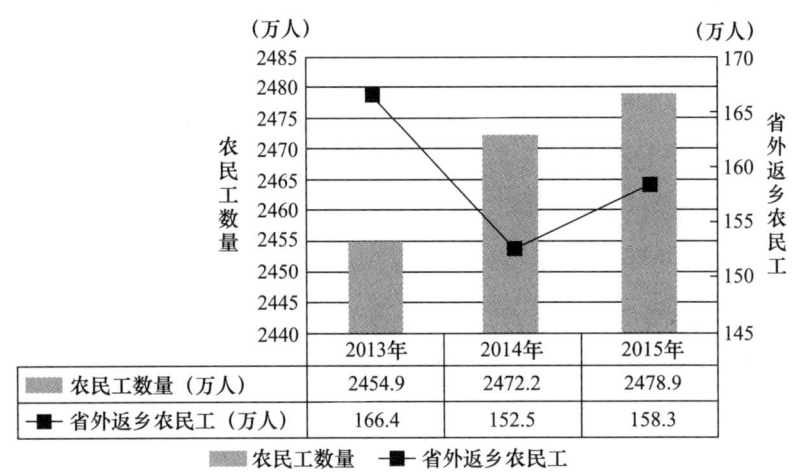

图6-3 四川省农民外出就业基本情况

近年来随着中西部地区城乡统筹发展取得一定成效，农村地区基础设施建设不断完善，加之产业向中西部地区的梯度转移，农民就地就近转移就业和创业的环境明显改善。农民工返乡回流趋势明显，成为中西部地区劳动力的有益补充。四川省外输出农民工返乡回流人数每年保持在150万人以上。2015年，省外回流农民工158.3万人，其中，实现就业140.8万人，第一、第二、第三产业占比分别为28.76%、29.31%和38.28%。2015年新增农民工返乡创业6.3万人，创办企业1.6万个，新增创业吸纳就业26.4万人，实现产值143.1亿元。农民工返乡就业、创业逐年增加。

二、四川省关于促进农民工返乡就业创业的做法

随着我国经济格局不断优化，四川省承接了东部发达地区的产业转移，部分农民工随着产业转移也开始回流。为引导和促进农民工返乡就业创业，四川省出台了一系列文件和政策措施，在推动返乡创业、活跃农村经济方面发挥了积极作用。

四川省在贯彻落实国务院办公厅《关于支持农民等人员返乡创业的意见》（国办发〔2015〕47号）文件精神的基础上，出台了《关于支持农民工和农民企业家返乡创业的实施意见》。提出返乡创业的主要任务，包括推动产业发展、鼓励本地资源嫁接外地市场、引导产业融合、支持新型农业经营主体发展、推动农村电子商务以及农民企业家回乡发展等带动返乡创业。从降低门槛、融资服务、财政支持、税费减免、返乡创业园建设等方面提出了引导性的政策。四川省各地区也根据国家和省政策，制定针对本地区的有关扶持农民工返乡创业的文件。具体来看，四川省在支持农民工返乡就业创业方面的工作有以下亮点。

1. 创新金融服务方式

融资难是农民工返乡创业最大的障碍，为缓解农民工返乡创业的资金"瓶颈"问题，四川省在金融服务方面做了许多探索。一是建立了返乡创业贷款分险基金。2015年省财政安排返乡创业贷款分险基金1.76亿元，在全省88个贫困县建立创业贷款分险基金，用于金融机构向贫困县返乡创业农民工等发放创业贷款的风险分担补偿。具体做法是每个县安排资金200万元，商谈一家银行提供农民工创业贷款或提供贷款的担保贴息。二是探索产权抵押机制。探索将集体建设用地使用权、土地经营权、农村房屋所有权、林权等农村产权纳入融资担保抵押范围。三是开发符合返乡创业需求的金融产品和金融服务，如有些地区探索了用现代农业的基础设施做抵押等。四是完善信用评价机制。对符合条件的优秀创业者，发放免担保贷款。例如，有些地区探索了"职业农民"的担保贷款，只要获得"职业农民"认证，即可获得10万元的免担保贷款。

2. 推进产业园区建设

为返乡创业提供孵化基地和发展空间，四川省推进了农民工等返乡创业园建设。一是将产业园建设与新型工业化、城镇化和现代农业发展相结合，把园区建设纳入统筹城乡发展规划中，与新型城镇化建设统一规划布局。二是园区建设突出盘活现有资产。主要依托已有的工业园区、农业产业园区、物流园区等，盘活闲置厂房等存量资源，整合建设返乡创业孵化基地、返乡创业园区等。三是探索农村集体资产入市、入股等，整合资源开发建设。例如，金堂县竹篙镇通过成立土地股份合作社，集中流转了农民土地，通过集体建设用地指标置换，建设了回乡创业基地既农产品精深加工园区，园区的运作采取产权入股、公司运作和按股分红的模式。实现了农民有收益、发展有空间的共赢格局。四是为返乡创业人员提供场地、设备、办证、融资等服务。

3. 创建服务平台

四川省加大财政投入，推进服务平台建设。一是建设县及县以下基层就业和社会保障服务平台、中小企业公共服务平台、农村基层综合公共服务平台建设，完善农村公共服务。二是在政务中心、乡镇（社区）、村设立返乡创业服务窗口，为返乡就业、创业者提供信息、政策等服务。三是建立农村劳动力资源转移就业的动态数据库，长期掌握跟踪农民工返乡就业创业的情况。例如，广汉市对农村劳动力转移就业的人员进行了实名登记。

4. 加强返乡创业培训

返乡农民工在就业、创业的技能要求、管理水平等方面与实际要求有一定的差距，为更好地让返乡农民工适应市场需求，加大了对返乡农民工和农民企业家创业培训力度。组织实施了新型职业农民培育行动、农民工职业技能提升计划、农村青年电商培育工程等专项培训计划。开发了有针对性的培训项目。例如，金堂县开展了创业计划培训，对创业所需技能、基础知识、管理经验等开展10天培训。同时开展的还有在岗提升培训，即邀请专家对企业家在创业中遇到的困难进行一对一辅导。对于农民工就业的培训，采取了灵活的培训方式，即个人申报补贴。根据就业需求，自主选择培训项目，政府根据取得的证书给予补贴。对农民的培训正在由注重数量向注重时效转变。

三、农民工返乡就业创业存在的主要问题

1. 资金不足是返乡创业者面临的首要问题

融资难是农民工返乡创业面临的最主要的问题。农民工返乡创业所需的资金量大、投资回报周期长，尤其是在农业领域的创业，投资回报周期更长。一般初期创业的资金投入主要靠以前的积累，贷款的支持额度少，而且担保抵押物条件

苛刻，如以城市的房产做抵押等传统的贷款形式。尽管目前财政对创业者贷款有一些贴息或担保的支持，但总体上覆盖面小、融资额少且周期短。企业更缺乏后续资金扩大规模。

2. 建设用地指标限制发展空间

四川省位于我国西南部，近年来随着西部大开发和产业梯度转移，四川省县域经济不断活跃，吸纳了包括汽车制造、航天科工、生物制药、加工业等产业发展，特别是在乡镇范围承接了从东部沿海转移的产业，这些中小企业主要利用了以前废旧的库房、工厂等。为改善返乡创业企业的软硬件环境，各地都在规划产业发展园区，提升创业企业的层次。过去西部地区经济发展落缓慢，工业化、城镇化发展滞后，建设用地指标规划较少，现在各地在规划返乡创业园区、建设厂房等方面受到建设用地指标限制，出现了用地难等问题。

3. 返乡农民工创业意识不强

返乡农民工就业多、创业少。调查显示，返乡农民工主要考虑返乡后离家近、可以照顾家人，返乡农民工创业意识不强。返乡农民工的受教育程度不高，多以初中文化为主，返乡创业的技能水平、管理能力有限。有些农民工所掌握的技能与当地企业需求相比还存在一定的差距，还需要再培训。况且创业的投资多、风险大，返乡农民工能够找到与外出务工收入相近的工作就很满足，创业意愿不强，主要以就业为主。

4. 创业企业发展后劲不足

返乡创业人员多是根据外出打工时积累的经验回乡创办企业，但受教育程度和知识水平制约，思维方式比较传统，缺乏现代营销理念。创办的企业又以劳动密集型和手工制作为主，如服装、鞋帽、皮革等企业，产品科技含量偏低、产品品种单一、档次不高，在市场中缺乏竞争力，发展后劲不足。还有些在外面经营工商业的人员返乡后支持当地的现代农业发展，组建合作社、农业企业等，这部分创业者初期投资较大，对农业技术、市场缺乏了解，企业抗市场风险能力较弱，纯粹是工业反哺农业，短期内很难见效，缺乏长期持续发展的机制。

四、推进农民工返乡就业创业的建议

1. 创新金融服务，助推创业发展

针对当前农民工返乡创业遇到资金不足的问题，应创新金融服务，开发针对

第六章 农村劳动力就地就近转移新动力——农民工返乡就业创业

返乡农民工创业特点的金融产品。对于普通的农民工返乡创业资金需求量不大，10万～20万元就可以解决创业初期投入资金，如开办网店、农家旅游、小型加工企业等，这些可以通过政府支持的小额担保贷款提供返乡创业者的资金需求。对于已有一定积累回乡创办企业的，一般资金需求量大，尤其是与农业相关的设施农业、观光农业、农业示范园建设等项目的投入大、回笼资金慢，就要在政策性金融的基础上，探索多元化的抵押产品，增加贷款的可获得性。开展农村承包土地经营权抵押贷款试点，把农业基础设施、农机具等生产资料纳入抵押贷款范畴。加大返乡创业从事农业生产的保险支持力度，创新保险类型，满足创业人员的风险保障需求。

2. 通过土地整理，解决返乡创业用地需求

通过存量资源调整解决返乡创业用地需求。充分利用"四荒地"、农村闲置宅基地、村庄空闲地、工厂废弃地、空置学校等闲置用地，优先安排返乡农民工创办企业、加工厂、建设仓储设施等，也可通过土地整理和耕地、建设用地增减挂钩的方式，集中使用。建设用地指标适当地向农业倾斜，用于返乡人员建设农业配套设施。在全国土地利用统筹规划下，适当地增加中西部地区建设用地指标，向县域范围内创业的企业予以倾斜。

3. 推动产业发展，带动返乡就业创业

产业发展是就业的重要支撑，对于农民工返乡就业、创业，县域经济的发展起到至关重要的作用。在县域范围内应重点培育以下产业。一是发展现代农业。充分发挥农业多功能性，发展地方特色的种植、养殖业、设施农业、观光农业等，鼓励返乡创业人员成立家庭农场、合作社、农业产业化龙头企业等。二是承接转移产业。做好本地资源与外地资源的嫁接，充分发挥本地资源优势吸引发达地区的企业到本地办厂，尤其是劳动密集型企业，如服装、食品、制造加工、包装等。三是发展服务业。鼓励发展商贸流通、电子商务、健康养老等产业。特别要重视"互联网+"等新兴产业的发展，鼓励和扶持返乡农民工利用互联网，发展电子商贸和服务。活跃县域经济，通过产业的发展带动农民工返乡就业和创业。

4. 开展技能培训，提升就业创业水平

返乡就业、创业农民工普遍存在文化程度低、技能水平不高，不能与现代产业发展所需人才的要求相适应的问题。对于返乡创业和有创业意愿的人员，开展

创业技能培训，包括技术培训、财务税收、经营管理、市场营销等培训。在职业学校、企业、合作社等部门建立创业实训基地，并有针对性地开展创业能力提升计划，邀请行业带头人、企业家、专家组成的辅导团队，对创业人员进行一对一辅导。对于返乡就业人员，进行岗前再培训，提高返乡人员的技术水平，以满足当地产业发展对农民工提出的新要求。同时建立返乡人员的信息库，为返乡人员培训、就业提供服务。

案例一：农民工返乡办制衣厂

金堂县隶属于成都市，是传统的劳动力输出大县，在20世纪80年代初，就由政府统一组织培训、输出劳动力。王红琼就是最早出去务工的劳动力之一，王红琼小学二年级文化水平，17岁就踏上了异地打工之路，去过广东、福建做箱包、手袋的女工。2007年因为要照顾孩子返乡创业，属于金堂县第一批返乡创业的农民工，开办了制衣厂。创业之初，政府在信贷、税收、厂房出租方面给予了很大支持。据介绍开始开办工厂时，厂房出租的费用政府补贴一半，还提供了两年8万～10万元的无息贷款，前几年企业免税，从2011年起才开始缴税，现在年缴税5万～8万元。

一路走来，王红琼付出了艰辛的劳动。目前，她共创办了4家制衣企业，员工有80多人。在她企业工作的员工大部分是返乡回来的，既能照顾家里，又能有务工收入，王红琼对于她开办企业能解决当地农民就业、再也不用背井离乡感到非常自豪。下一步还打算继续扩大规模，把一些金堂县外出务工有经验的劳动力吸引回来。该企业的员工计件取酬，做得好的一个月可以赚3000～4000元。提到企业目前面临的问题，她觉得现在扩大规模的空间有限，厂房还是租用废弃的库房，工作环境差，希望能够早日搬到政府建设的创业园区中。王红琼企业办得好，又有社会责任感，也获得了许多殊荣。她返乡后加入了中国共产党，并被选举为金堂县和成都市的党代表。

案例二：建立农民返乡创业园

金堂县是农村劳动力输出大县，同时也是最早推进农民工返乡创业的地区之

第六章 农村劳动力就地就近转移新动力——农民工返乡就业创业

一。金堂县从2007年开始就有农民工陆续返乡创业，目前已有近10年的历史。随着返乡农民工的增加和返乡创业者的增多，金堂县作为成都市农村集体建设用地上市试点地区，通过土地整理在竹篙镇建了农民返乡创业园，首批638亩，已启动建设101亩。根据规划园区建设在耕地上，通过农村土地整治和建设用地指标置换，规划出园区用地。一期采取按股分红、产权入股和公司运作的形式，其中，流转土地的农民每亩可得到1200元的保底收入，园区全部建成、企业入驻后，预计农民每亩可得到2800~4000元的收益；集体建设用地用产权以30万元/亩入股；由国资系统成立企业，进行投资和园区建设。一期的100亩园区已建成，是金堂县农产品精深加工园区，全部入驻食品加工企业。未来计划建设制鞋制衣园区等。

第七节 对农村劳动力返乡就业创业的评述

农民工返乡创业和就业是就地就近转移的新动力。随着产业向中西部地区转移和城乡一体化进程加快，县域范围内有越来越多的就业机会，创业环境也得到较大改善，特别是现代农业的发展以及"互联网＋"等新业态的产生，给农民工返乡就业创业提供了越来越多的机会。农民工返乡创业、就业有利于增加农民收入，加快建设现代农业的步伐，有助于缩小城乡、区域间差距，壮大县域经济，推动小城镇发展以及改善农村发展环境。

农民工返乡就业、创业的原因，除外部环境的变化外，个人、家庭因素是驱使农民工返乡的最重要的因素。返乡就业、创业即可以改善家庭收入水平，又可以照顾家庭，缓解了农村留守老人、儿童问题，空心村等问题。目前，国家出台了关于大力推进大众创业万众创新的若干政策措施的意见，鼓励农民工、大学生和复员军人返乡创办企业。同时，国务院还出台了《关于支持农民工等人员返乡创业的意见》。地方政府在鼓励支持农民工回乡创业方面采取了积极措施，进行了有益的改革探索，改善了农民工返乡创业的环境，有效地促进了农民工返乡就业创业。但农民工返乡创业、就业中仍存在一些问题需要解决，如回乡创业融资难、寻找创业机会不容易、创业企业层次不高、创业发展环境有待改善、自身局限性等，返乡就业稳定性差、收入水平不高等问题。因此在政策上应加强引导，培育创业主体，让有意愿的创业者能够成功创业，成为活跃农村经济、促进城乡统筹发展、带动本地农民就业的新生力量。

第七章 农村劳动力就地就近转移的贡献和制约因素

第一节 农村劳动力就地就近转移的贡献

农村劳动力转移是社会劳动力资源配置的结果，不同的转移方式将产生不同的效果，在我国劳动力转移的演变过程中，就地就近转移担当了重要角色，与异地就业共同构成了农村劳动力转移就业的二元格局，而没有走单纯向城市转移的道路，这种转移方式已经对我国社会经济发展产生了深刻的影响，具体可以分别从宏观和微观两个层面考察。

一、宏观经济社会效果评价

1. 促进县域经济发展，活跃乡村经济

县域经济是国民经济的基本单元，是城乡一体化发展的桥梁和纽带，以农业和农村经济为主体，以工业化、城镇化、现代化为发展方向，是一种以县城为中心、乡镇为纽带、农村为腹地的区域经济。县域经济是农村经济和城市经济的结合部，是工业反哺农业、城市带动农村的支撑点和着力点，发展县域经济具有重要现实意义：一是县域经济发展是繁荣农村经济的保障，为新农村建设提供物质基础，是成功推动新农村建设的重要途径；二是县域经济是推动小城镇的前提条件，是走中国特色城市化道路的基础；三是县域范围是承接东部沿海发达地区产业转移的主体,县域经济出现的新产业新业态为农业农村经济发展提供了新动能;四是县域经济是发展农村第二产业和第三产业的重要载体,有效解决了当地剩余农村劳动力的就业,增加了农民收入,同时可以与精准扶贫相结合,促进农村劳动力就地就近转移,带动贫困地区脱贫致富。

县域经济的作用非常重要,而就地就近转移的农民既是县域经济发展的受益者,同样也是设身处地的建设者。广大农民通过在县域范围内就业,成为县域经济发展的生力军,极大地活跃了农村经济。改革开放以来,随着城乡界限的松动,农民走出家门最早的目的地就是家乡周围的中小城镇,随后产生了举世瞩目的民工潮,但也有不少农民在外地务工后带回资金、技术回家乡落脚,他们或从事工业生产,或从事商业、餐饮等第三产业,也有致力于现代农业的发展,是农村经济发展的主力军。同时,他们还是广大的消费者,拉动了当地消费,有效促进商业、交通运输、饮食服务、观光旅游、咨询、物流等产业发展,大大繁荣县域经济,带动县域范围内第三产业发展。可以说,就地就近转移的农民为县域经济发展提供了充足的劳动力资源,同时还极大地活跃了当地经济,对缩小城乡之间的差距做出了巨大贡献。

2. 缓解农村人才流失,增强农村发展活力

农村劳动力就地就近转移另一重要的贡献是,缓解农村人才流失问题,推动新农村和现代农业建设。改革开放后,农业剩余劳动力脱离了土地的束缚,开始在非农产业寻求就业机会,特别是户籍制度的松动,形成了大规模的民工潮,外出务工虽然增加了农民的收入,但这也使农村流失了大量的人才,青壮年匮乏,剩下老幼病残,农村空心化严重,发展缺乏活力,新农村建设面临无人可用的困境。转移出去的农村劳动力平均受教育程度普遍高于从事农业生产的劳动者,有些劳动力还拥有一定的技能,以青壮年的男性劳动力为主,这些劳动力趋向于流向城市和经济发达地区以获得更高的收益,这说明在劳动力转移过程中伴随着拥有较高人力资本的农村劳动力的转移。农村劳动力就地就近转移依然与家乡有着密切的联系,其最重要的贡献就是劳动力留在农村、建设家乡,有效缓解了农村人才匮乏的问题。特别是返乡农民工就业、创业的不断增多,农村新业态、新产业逐渐发展起来,为农村经济增添了新活力和新动能。党的十六届五中全会作出的关于加快社会主义新农村建设的重大决

定,是解决"三农"问题、全面建设小康社会的重大战略举措,它涵盖了经济、政治、文化和社会建设的各个方面。时至今日推动社会主义新农村建设仍是农业农村发展的重要任务。2017年中央一号文件提出,推动社会主义新农村建设取得新的进展。新农村建设关键在人,只有农民才是新农村建设的主体力量。农民在本地就业一方面为农村留住了人才,增强农村发展的活力,另一方面可以在现代农业方面大有作为,可以更好地支持"三农"、服务"三农"。例如,发展农产品加工业和农业服务业的发展,建设农产品流通体系,实现农工贸紧密衔接、产加销一体的现代农业。同时,农村劳动力就地就近转移还有效解决了农村留守老人、留守儿童等社会问题,避免了农村的空心化。

3. 减少大中城市压力,推进中国特色城镇化发展

中国正在经历的城市化进程,无论规模还是速度,都是人类历史上前所未有的。中国的城市化率从1978年的17.9%,发展到1997年的30%,到2015年的56.1%。到21世纪中叶,为了实现中国现代化的总体目标,中国的城市化率将达到70%。中国将用几十年时间,完成西方国家三四百年完成的城市化历程。然而这样快的速度也给城市治理带来了巨大压力,在城市化发展阶段,如果人口的过度集聚超过了工业化和城市经济社会发展水平,就会发生一些发展中国家出现的"过度城市化"现象,产生"贫民窟""高失业率"等一系列矛盾和问题。在过去的十几年中,大规模农村劳动力进城务工给城市的发展带来了巨大红利,为城市的建设和发展提供了丰沛的劳动力资源,繁荣了城市经济,但与此同时也带来了巨大的社会压力,出现了"城市病",给交通、教育、医疗卫生、居住、治安管理等方面带来了许多新问题。农民工的大量涌入远超出了城市的承载能力,城市公共物品的供给短缺,城市变得更加拥挤,幸福指数下降,城市化成本大幅提高。就地就近转移在拓宽农村劳动力外出就业渠道的同时,分流了一部分涌向城市的劳动力,减轻了城市的压力。农民就地就近转移,可以在增加收入、改善生活的同时,减少向大中城市的盲目流动,促进当地中小城镇发展,增强当地经济发展活力,实现就地就近城镇化,推动大城市和小城镇的均衡发展,形成大城市和小城镇资源、人口的有序流动。

二、微观经济社会效果评价

1. 增加农民收入

就地就近转移是农村劳动力外出就业的一个重要渠道,是农民收入增长的主要来源。相比纯农户和以农业为主的兼业户,家庭中有劳动力就地就近转移或异地转移的,其收入明显较高。农村劳动力就地就近转移在有效提高收入水平的同时,还改善了生活质量,避免了异地转移的奔波和劳苦,降低了生活成本,在建设家乡的过程中直接分享了经济社会发展的利益。

2. 促进社会和谐

在中国,经济的基本单元在更多的情况下是家庭,而非个人。农民在选择就业地点和内容的时候,会充分考虑家庭的因素。相比异地转移,农民在本地就业可以在分享经济发展收益的同时,还能兼顾家庭生产生活,从心理上更容易接受。在当地能够提供就业机会的情况下,农民情愿降低收入预期,也希望留在家乡,维持正常的家庭生活,这对于家庭中需要照看的孩子或是需要赡养的老人都非常重要。全国妇联提供的数据显示,我国农村留守儿童的数量不断增加,已超6000万人。在一些农村劳动力输出大省,留守儿童在当地儿童总数中所占比例已高达18%~22%。由于父母长期没有和子女在一起,留守儿童的成长面临许多问题。"留守儿童"和"留守老人"问题已经成为受到普遍关注的社会问题。从这个方面讲,在现阶段农村劳动力本地就业确实是农民一种可行和理性的选择,对于促进家庭、社会和谐意义重大。

3. 兼顾家庭生产经营

农村劳动力就地就近转移具有很强的灵活性、多变性和伸缩性,一般以临时性、季节性的工作为主,也有些固定的、长期的工作,农民可以在自己打工之余兼顾家庭农业生产。特别是随着现代农业发展,农业的内涵不断外延,越来越多的农民开始自主创业,从事与农业相关的产业。如家庭农场、农业生产性服务业、农产品加工流通、休闲农业等。农村劳动力就地就近转移可以更好地服务于农业发展,增加农民的经营性收入。

第七章 农村劳动力就地就近转移的贡献和制约因素

第二节 农村劳动力就地就近转移的制约因素

一、城乡和区域差距仍然存在

在相当长的一段时间里,异地转移就业是农民收入的重要组成部分。就地就近转移收入水平不及异地转移就业,在很大程度上与当前存在的区域和城乡之间的差距有关。东部地区起步早、基础好,已形成持续发展、积累、扩张的能力,而中西部地区发展相对迟缓,尤其是中西部县域经济发展比较落后,第二、第三产业的发展程度落后于东部地区,制造业、服务业没有发展起来,可持续发展能力较差。相比较东部地区,中西部地区县域经济发展还面临人才、资金、技术等方面的难题。因而,对于中西部地区的农村劳动力来说,异地转移就业的比重仍然很高,当地产业发展对于吸纳就地就近转移的动力不足。

二、产业布局的调整是一个长期的过程

产业的发展是支撑劳动力就业的重要载体,特别是劳动密集型产业是吸纳农业剩余劳动力就业的主阵地,因而产业布局决定了农村劳动力的就业格局。改革开放以来,东部沿海地区以得天独厚的地理位置和优惠的经济政策,迅速发展起来,逐渐走到我国工业化、城镇化的前列,承接了西方发达国家以及中国香港地区、中国台湾地区为主的新兴工业化地区劳动密集型产业的转移(丁继峰,2005)。东部地区劳动力密集型产业迅速发展,如手工业、加工业、制造业等,吸纳了大量的农村劳动力就业,这也是东部地区就地就近转移劳动力比重高,中西部地区就地就近转移比重低而且大规模向东部地区转移的主要原因。但是随着经济的发展,东部地区的土地、劳动力、原材料等价格不断上涨,提高了企业运行成本,东部地区不得不进行产业升级,向资金和技术密集型产业发展,以提高企业的竞争力。劳动力密集型产业开始向中西部地区转移。很明显这种产业布局的调整可以带动农村劳动力就业格局的变动,中西部地区的农民可以有更多的机会在当地从事非农就业。但是,产业的转移不是一蹴而就的,是一个长期调整的

过程，尽管中西部地区具有丰富的劳动力资源、土地成本不高等比较优势，但产业的转移还有赖于中西部地区投资环境的改善、基础设施完善、政策的扶持与支持以及其他配套设施的完善。所以，优化产业布局是促进中西部地区劳动力就地就近转移的关键，但还需要经历一个长期的过程。

三、县域经济需要科学发展

县域经济是一种以县城为中心、乡镇为纽带、农村为腹地的区域经济，它是农村劳动力就地就近转移的重要依托，县域经济的繁荣和发展可以为农民提供更多就业机会，提供优质稳定的就业岗位。从县域经济发展现状看，全国县域经济发展不平衡，东部地区县域经济发达，中西部地区县域经济发展相对落后。《中国县域经济发展报告（2017）》发布的结果显示，在全国百强县中，东部地区有78个，中部地区14个，西部地区仅有8个，东北地区县域经济下滑比较严重[①]。当前阶段，县域经济和全国经济一样面临着转型升级的阵痛。以往县域经济粗放式发展造成了资源掠夺、产能过剩和环境污染，难以为继，更谈不上带动农村劳动力就业，因此，为促进农村劳动力就地就近转移还要依靠县域经济科学发展。加强区域间合作，中西部地区改善投资环境，加强与东部地区的产业对接，提高产业转移承接与本地经济的融合度，增强内生发展动力。进一步改善中西部地区县域经济的营商环境，为承接产业转移创造良好条件。推进农业产业化经营，通过农业产业链条的延伸，使生产、加工、流通、服务一体化程度不断加深，吸纳更多的农村劳动力为现代农业产业发展服务。对于临近大中城市的县域，可以发展乡村旅游、康养等产业。人口相对密集的县域可以建设现代企业园区，发展劳动密集型产业和环保科技型产业，促进农民就近务工。推进小城镇建设，吸纳农民在县域落户。

四、县乡企业竞争力有待进一步提高

乡镇企业在20世纪80年代迅速发展，是乡村工业的具体表现形式。农村劳动力转移就业最早就是从乡镇企业就业开始的。但由于乡镇企业主要以农村集体经济或农民个人投资为主，产业发展较为粗放，出现了环境污染、无序竞争、技

---

① http://www.china.com.cn/opinion/think/2017-11/24/content_41938460.htm，2017年11月30日。

术落后等方面问题。虽然经历了 90 年代数次调整和提高,但其发展模式、产业结构、企业竞争力与城市企业相比仍存在很多问题。乡镇企业的发展创新,从根本上走的是一条资本、技术深化的道路,许多乡镇企业逐步从早期劳动密集型转向资本和技术密集型,在增强竞争力的同时,也削减了其吸纳农村剩余劳动力的能力。90 年代末期的情况清楚地表明了这一点,从 1996 年开始,乡镇企业吸纳劳动力的能力开始减弱,1997 年和 1998 年全国乡镇企业吸纳劳动力减少 971 万人,乡镇企业从业人员占农村劳动力总数的比重从 1996 年开始的 29.83% 连年下滑到 2001 年的 26.66%,才再次增长。目前,乡镇企业的概念逐渐弱化,但仍在县乡范围内,以中小企业为主,产业类型也由当初的重工业、矿业等转变为农产品加工业、手工业等。这些企业在资源消耗、环境保护、技术创新、品牌创建等能力都有待于进一步提高,以增强市场竞争力,从而为本地农村劳动力创造更多稳定的就业机会。

五、农村劳动力技能水平有待进一步提高

我国农村劳动力受教育程度普遍偏低。国家统计局全国农民工监测调查报告(2015)显示,农民工以初中教育为主,占农民工总量的 59.7%,接受高中以上教育的仅占 25.2%。农民工的受教育程度与外出就业的收入水平直接相关,受教育程度高的劳动力更容易转移出去,且能够得到较高的收入。近年来,村里留下的多为受教育程度低、年龄偏大的劳动力,就地就近转移劳动力素质也要略低于外出就业的劳动力。随着产业布局调整,中西部地区逐步承接了部分东部地区的产业转移,尤其是劳动密集型产业。这些产业已不是传统的单靠体力、不需要技能的产业,对劳动力提出了更高的要求,尤其是机械、电子、通信等技术含量较高的加工装备企业。这就需要不断提高劳动力技能水平以适应产业发展的要求。特别是统筹城乡发展和新农村建设推进,农村经济社会发展环境得到较大改善,基础设施建设不断完善,为农民工返乡创业、农民自主创业提供了良好的环境。只有不断提高劳动者技能水平、开拓创新意识,培育乡村能人和企业家才能更好地发展农村经济,为县域经济发展注入新的活力,从而带动更多的农村劳动力就地就近转移。

第八章 研究结论和政策建议

第一节 研究主要结论

本书在中国经济社会转型的大背景下,对农村劳动力就地就近转移的历史和现实进行考察,分析了历史演变的过程和现状特征,并对就地就近转移这一特有的社会经济现象进行了理论探讨和实证分析。研究的结论主要有以下几个方面:

第一,农村劳动力就地就近转移有着深厚的历史渊源,包含着如长期存在的兼业状态、计划体制农民转移受到约束、改革开放后农村转移环境的改善以及新时期以来统筹城乡发展等多方面的因素。这些因素综合作用产生了中国特色的农村劳动力转移格局,特别是就地就近转移。历史回顾和理论分析表明:丰富的农村劳动力资源是中国实现现代化的有利条件,是改革开放以来社会主义建设事业的生力军。但如果农村劳动力不能健康有序地流动,而是蜂拥而入进入大中城市,丰富的劳动力资源将会转化为巨大的人口包袱。因而不断推进统筹城乡发展,改善县域就业、居住环境,对于提高劳动力转移质量具有重要意义。特别是近年来随着县域第二、第三产业和现代农业发展,越来越多的农村劳动选择就地就近转移,为农村劳动力有序转移奠定了基础。

第二,农村劳动力就地就近转移是我国农村劳动力转移就业的有机组成部分,与异地转移共同构成了劳动力外出就业的整体,两者相互补充,也可相互转化。这一点可以从历史回顾和现状特征分析中看到。近年来,随着经济社会快速发展，农村劳动力转移的质量和稳定性都有所提高，农民就业选择也渐趋理性，整体转移格局开始向着优化转移的方向演变，突出的表现是就地就近转移效益的提升，如农民工回乡创业带来的良好经济社会效益。此外，研究通过对比就地就近转移和异地转移劳动力的不同特征，如年龄、性别、受教育程度等，加深了对就地就近转移和异地转移的理解，并通过区域分析得出东中西部农村劳动力就地就近转移和异地转移的差异特征，有效支撑了产业分布对转移格局的影响、农村劳动力不同地区转移特征等方面的研究。

第三，农村劳动力就地就近转移的存在具有必然性和合理性，有历史的因素也有制度性的因素。尽管限制劳动力流动的制度已经破除，统筹城乡发展不断推进，但扎根于城市的经济社会成本不断增加，尤其是房地产价格的不断攀升使农村劳动力难以在城市扎根，长期以来我国农村劳动力处于"半转移"状态。产生"半转移"状态还有其他原因：一方面，农民与农村存在天然联系，不愿彻底放弃土地承包权，同时对家庭和家乡也十分牵挂；另一方面，乡村第二、第三产业以及现代农业的发展，为农村劳动力就地就近转移提供了现实基础。因而，农村劳动力就地就近转移有着必然性和合理性。

第四，县域经济发展是农村劳动力就地就近转移的重要载体和支撑。东部地区的产业发展较好，企业带动能力强，县域经济较中西部地区发达，就地就近转移占据主要地位，除此之外还吸纳许多异地就业的农村劳动力。中部地区县域经济发展相对落后，没有产业支撑，中西部地区农村劳动力更多地选择异地转移。随着东部地区土地、劳动力等要素价格的不断上涨，东部产业亟待转型升级，一些劳动密集型企业逐渐向中西部地区转移。产业梯度转移为中西部地区农村劳动力就地就近转移创造了机遇，也为农民工返乡就业、创业提供了良好条件。

第五，转移前后的成本收益差是农村劳动力做出转移决策的根本原因。然而成本收益不仅包括经济因素，同样精神收益和费用、信息的获取量、以往转移的经验等同样也会影响到农民的转移决策。此外，农民转移决策不是孤立的而是综合家庭成员因素，要与家庭实现效用最大化目标的行为统一。因此，农村劳动力转移受到个人特征、家庭特征和外界环境的综合影响。其中，个人特征包括年龄、性别、受教育程度等，家庭特征包括家庭规模、负担结构、耕地面积、固定资产数量等，外界环境包括所处的地理位置、交通便捷程度等。这些因素中，劳动力的个人素质起关键作用，与对预期收益的评价、外出就业收入水平都有密切联系。

第六，对农村劳动力选择就地就近转移的实证研究表明，个人特征、家庭特征和所在地理环境特征对农村劳动力选择就地就近转移有着显著的影响。以异地转移就业为参照组，劳动力年龄、受教育程度、接受过技能培训、人均生产性固定资产数量、家庭摩托车数量等因素对农村劳动力选择就地就近转移有正向作用，而男性、家庭劳动力数量、人均耕地面积、距公路距离等因素对农村劳动力选择就地就近转移有反向作用。年龄越大、接受过技能培训、家庭负担结构、生产性固定资产额、当地企业数量等指标对农村劳动力就地就近转移有负向影响。其中，劳动力素质、当地经济发展状况和基础设施建设是可控因素。

第七，农民工返乡创业和就业是就地就近转移的新动力。随着产业向中西部地区转移和城乡一体化进程加快，县域范围内有越来越多的就业机会，创业环境也得到较大改善，特别是现代农业的发展以及"互联网+"等新业态的产生，给农民工返乡就业创业提供了越来越多的机会。近年来返乡创业和就业的农民工规模不断扩大，农民工返乡创业和就业成为农村劳动力就地就近转移的新动力。

第八，农村劳动力就地就近转移在缩小城乡差距、减轻城市压力、缓解农村人才流失、兼顾农业生产和家庭等方面起到了积极作用，但不利于土地的集约化利用和农业规模化生产。随着土地确权制度的完善，农业产业化蓬勃发展，农业生产规模化、专业化程度不断提高，农村劳动力就地就近转移质量不断提升，就地就近转移带来的不利因素将逐步得到缓解。

第九，目前在促进劳动力就地就近转移方面还存在着制约因素。城乡和区域差异的存在、产业布局调整的长期性、县域经济发展滞后、县域产业发展和中小企业竞争力不强、劳动力技能水平不高等因素制约了农村劳动力就地就近转移的质量和效益。

第二节　政策含义

综合全书的研究，农村劳动力转移就业是一个复杂的系统工程，就地就近转移作为劳动力转移进程中有机组成，不能孤立地看待，也不能一味地单纯促进其

第八章 研究结论和政策建议

发展,应将其置于劳动力转移大背景下综合考虑,特别是要处理好就地就近转移与异地转移、就地就近转移与农业生产之间的关系,为此提出以下政策建议:

第一,促进农村劳动力就地就近转移与异地转移之间的良性互动。就地就近转移和异地转移是农村劳动力转移就业的有机组成,不能只促进一方面的发展而忽略另一方面的发展。不论是就地就近转移还是异地转移就业,都要提供良好的就业环境,引导农民理性地选择就地就近转移或异地转移,形成合理有序的流动局面。

第二,发展县域经济,调整产业布局,促进农村劳动力就地就近转移。县域经济是农村劳动力就地就近转移的载体,通过支持县域经济发展,增强企业竞争力和吸纳劳动力就业能力。调整产业布局,引导东部劳动密集型产业向中西部地区的转移,促进中西部地区劳动力的就地就业。

第三,将农村就地就近转移与精准扶贫相结合。在我国贫困人口中,有一部分是需要发展生产脱贫一批。这些贫困人口,或因自身文化素质问题,或因掌握技术不足难以外出就业,或因家庭负担原因不能外出就业。为促进这部分农村劳动力就地就业,就要引导当地企业的一些技术含量不高、以体力劳动和手工工作为主的岗位向贫困人口倾斜,促进有劳动能力贫困人口的就业,提高贫困人口的收入水平,实现部分贫困人口的精准扶贫和精准脱贫。

第四,加强对于农村隐性失业状态的监控和研究。就地就近是指在县域内超过180天以上的农村劳动力转移,它与180天以内的农村劳动力本地兼业关系密切,两者互相区别、互相补充,同样也会互相转化。这种转化有时潜移默化,难以迅速察觉,而是兼业还是稳定转移直接关系着农民就业质量高低和收入水平。因此,及时发现本地兼业和就地就近转移之间的变化,可以揭示农民就业质量的变化,有效减少农村存在的隐性失业。

第五,加强基础设施建设。研究表明,基础设施条件的优劣直接影响着农民的转移决策。从理论分析可以看到,接触信息多少直接影响着农民转移期望现值向可见值的过渡。影响因素的分析也揭示了转移与道路及交通工具之间的密切关系。因此,要进一步促进农村劳动力就地就近转移,就需要继续加强通信、交通等方面的基础设施建设,特别是县域内公路建设,促进劳动力资源的有效流动。

第六,加强教育,提高农民素质。首先要加强基础教育,完善九年义务教育,加大对教育的投入,促进教育资源对农村地区的倾斜,减轻农民子女接受教育的负担,为提高未来的农村劳动力素质奠定坚实的教育基础。此外,要进一步完善职业教育培训体系和专业技能培训,为当地发展提供更多的专业技能人才。国外的经验证明,良好的职业教育,是促进国家实现工业化的重要因素。德国、日本战后的迅速崛起,与其在短时间内培养了大批的高素质的职业技术人员有很大关系。只有从各方面有效提高农民的综合素质,农村劳动力转移的质量才能得到根本提高。

第七,积极引导东部地区产业逐步向中西部地区和贫困地区转移。随着东部地区土地、劳动力等成本的不断上涨,为不断承接东部地区的产业转移,中西部地区应根据本地区劳动力外出转移的行业结构,有针对性地吸引有一定劳动力资源基础的产业,为产业转移提供土地、金融等方面的支持。

第八,改善农村发展环境,促进农民工返乡创业。农民工回乡创业具有良好的经济社会效益,对于缩小城乡区域差距,促进县域经济发展,活跃农村经济,增加农民收入,拓宽就业渠道等方面都具有重要的现实意义。为促进农民工返乡创业,建议根据当地特色做好产业发展规划,推动产业发展,鼓励返乡农民工发展现代农业和中小工商企业,帮助解决返乡创业融资、土地等方面的问题,加强对创业主体的培训。

第三节 有待进一步完善的内容

第一,样本数据方面。本书研究计量分析所用数据是2014年全国农村固定观察点的农户调查数据,数据的优点在于样本量大,不足在于是截面数据,不能反映一段时期内农村劳动力就地就近转移的变化情况,也不能测定经济发展和政策的变化对农村劳动力就业选择的影响。

第二,研究内容方面。由于数据资料的关系,对于农村劳动力就地就近转移的贡献分析不够深入,缺乏数据支撑。同时,在产业布局对就地就近转移影响方面探讨也不够。

第三,研究方法方面。由于时间和精力限制,书中案例研究较少。实地调查得到的案例对于研究我国农村问题具有非常重要的意义,它可以更加丰富和深刻地体现问题的本质。

参考文献

[1] Alan S. Blinder: "Wage Discrimination: Reduced Form and Structural Estimates", The Journal of Human Resources, 1973, Vol. 8, No. 4, 436 –455.

[2] Bedker G.: "The Theory of Allocation of Time." The Economic Journal, 1965, Vol. 75.

[3] Benjamin D.: "Household Composition, Labor Markets, and Labor Demand: Testing for Separation in Agrcultral Household Models." Econometrica, 1992, Vol. 60, 287 –322.

[4] Chiappori: "Introduction Household Production in Collective Models of Labor Supply", Journal of Political Economy, 1997, Vol. 105, 191 –207.

[5] De Brauw, Alan, Scott Rozelle, Zhang Linxiu, Huang jikun and Zhang Yigang: "The Evolution of China's Rural Labor Markets During the Reforms," Journal of Comparative Economics, 2002, Vol. 20.

[6] Gronau R.: "Leisure, Home Production, and Work – The Theory of Allocation of Time Revisited." Journal of Political Economy, 1977, Vol. 85.

[7] Haffman W. E.: "Farm and Off – Farm Work Decision: The Role of Human Capital." Rev. Econ. and Statist, 1980, Vol. 62: 14 –23.

[8] Hare Denise: "The Deteminants of Job Location and Its Effect on Migrants' Wages: Evidence from Rural China", Economic Development and Cultural Change, 2002, 557 –579.

[9] Hare Denise: " 'Push' versus 'Pull' Factors in Migration Outflows and Returns: Determinants of Migration Status and Spell Duration among China's Rural Popu-

lation," Journal of Development Studies, 1999, Vol. 35, No. 3, pp. 45 – 72.

[10] Jacoby H.: "Shadow Wages and Peasant Family Labor Supply: An Econometric Application to the Peruvian Sierra." Rev. Econ. Studies, 1993, Vol. 60: 903 – 922.

[11] Lewis W. A.: "Economic Development with Unlimited Supply of Labor", The Manchester School, 1954, Vol. 22: 139 – 191.

[12] Sandra Poncet: "Provincial Migration Dynamics in China: Borders, Costs and Economic Motivation." Regional Science and Urban Economics, 2006, Vol. 36, 385 – 398.

[13] Skoufias E.: "Using Shadow Wages to Estimate Labor Supply of Agricultural Households." Amer. J. Agr. Econ, 1994, Vol. 76.

[14] Wenfei Winnie Wang, C. Cindy Fan: "Success or failture: Selectivity and reasons of return migration in Sichuan and Anhui, China", Environment and Planning A, 2006, Vol. 38, 939 – 958.

[15] Zhao Yaohui: "Leaving the Countryside: Rural – to – Urban Migration Decisions in China", America Economic Review, 1999, Vol. 89: 281 – 286.

[16] Zhongmin Wu, Shujie Yao: "Intermigration and intramigration in China: A theoretical and empirical analysis", China Economic Review, 2003, Vol. 14, 371 – 385.

[17] Pranab Bardhan, Christopher Udry:《发展微观经济学》, 陶然译, 北京大学出版社, 2002年版。

[18] [美] 迈克尔·P. 托达罗:《经济发展与第三世界》, 中国经济出版社, 1992年版。

[19] [日] 南亮进、牧野文夫:《转型时期中国的工业化和劳动力市场——发自日本的研究》, 中国水利水电出版社, 2005年版。

[20] [英] 弗兰克·艾利思:《农民经济学》, 上海人民出版社, 2006年版。

[21] 蔡昉:《中国经济增长可持续性与劳动贡献》,《经济研究》, 1999年第10期。

[22] 蔡昉、白南生:《中国转轨时期劳动力流动》, 社会科学文献出版社,

2006年版。

[23] 蔡昉、都阳、王美艳：《中国劳动力市场转型与发育》，商务出版社，2005年版。

[24] 蔡昉、万广华：《中国转轨时期收入差距与贫困》，社会科学文献出版社，2006年版。

[25] 蔡昉、王德文：《比较优势差异、变化及其对地区差距的影响》，《中国社会科学》，2002年第5期。

[26] 蔡昉、王美艳、曲玥：《中国工业重新配置与劳动力流动趋势》，《中国工业经济》，2009年第8期。

[27] 蔡昉：《中国人口与劳动问题报告No.8——刘易斯转折点及其政策挑战》，社会科学文献出版社，2007年版。

[28] 陈吉元：《论中国农业剩余劳动力转移——农业现代化的必由之路》，经济管理出版社，2007年版。

[29] 陈锡文：《资源配置与中国农村发展》，《中国农村经济》，2004年第1期。

[30] 陈晓华、张红宇：《中国农村劳动力的转移与就业》，中国农业出版社，2005年版。

[31] 陈旭麓：《近代中国社会的新陈代谢》，上海人民出版社，1992年版。

[32] 程名望、史清华、徐剑侠：《中国农村劳动力转移动因与障碍的一种解释》，《经济研究》，2006年第4期。

[33] 程默：《20世纪50年代中国户籍制度的形成与演变》，《当代中国研究》，2007年第4期。

[34] 崔传义：《进入新阶段的农村劳动力转移》，《中国农村经济》，2007年6月。

[35] 都阳：《影子工资率对农户劳动供给水平的影响——对贫困地区农户劳动力配置的经验研究》，《中国农村观察》，2000年第5期。

[36] 都阳：《中国贫困地区农户劳动力供给研究》，华文出版社，2001年版。

[37] 杜鹰：《现阶段中国农村劳动力流动的群体特征与宏观背景分析》，《中国农村经济》，1997年第6期。

[38] 费孝通:《江村农民生活及其变迁》,敦煌文艺出版社,1997年版。

[39] 顾朝林:《中国城镇体系——历史·现状·展望》,商务印书馆,1992年版。

[40] 韩俊:《跨世纪的难题——中国农业劳动力转移》,山西经济出版社,1994年版。

[41] 韩俊、崔传义:《我国农民工回乡创业面临的困难及对策》,《经济纵横》,2008年第11期。

[42] 郝大明:《1978~2014年中国劳动配置效应的分离与实证》,《经济研究》,2015年第7期。

[43] 郝大明:《农业劳动力转移对中国经济增长的贡献率:1953~2015》,《中国农村经济》,2016年第9期。

[44] 李琴、朱农:《产业转移背景下的农民工流动与工资差异分析》,《中国农村经济》,2014年第10期。

[45] 李实:《中国农村劳动力流动与收入增长和分配》,《中国社会科学》,1999年第2期。

[46] 李勋来、李国平:《经济增长中的农村富余劳动力转移效应研究》,《经济科学》,2005年第3期。

[47] 林毅夫、蔡昉、李周:《中国的奇迹:发展的战略与经济改革》,上海三联出版社,1999年版。

[48] 林毅夫、蔡昉等:《中国经济转型时期的地区差距分析》,《经济研究》,1998年第6期。

[49] 刘锐:《农业劳动力就动对缩小城乡收入差距的影响》,《农村经营管理》,2007年第6期。

[50] 刘晓昀、Terry Sicular、辛贤:《中国农村劳动力非农就业的性别差异》,《经济学季刊》,2003年第4期。

[51] 刘秀梅、亢霞:《农户家庭劳动时间配置行为分析》,《中国农村观察》,2004年第2期。

[52] 罗兹曼:《中国的现代化》,江苏人民出版社,2003年版。

[53] 莫远大:《江苏乡镇工业发展史——兼论农村未来的发展》,南京工业出版社,1987年版。

［54］农业部课题组：《农村劳动力转移就业现状、问题及对策》，《农业经济问题》，2005年第8期。

［55］潘文卿：《中国农业剩余劳动力转移效应测评》，《统计研究》，1999年第4期。

［56］彭泽益：《中国近代手工业史资料》，中华书局，1984年版。

［57］曲玥、蔡昉、张晓波：《"飞雁模式"发生了吗？——对1998～2008年中国制造业的分析》，《经济学（季刊）》，2013年第3期。

［58］盛来运：《农村劳动力外出的动因》，《中国统计》，2007年第8期。

［59］盛来运：《中国农村劳动力外出的影响因素分析》，《中国农村观察》，2007年第3期。

［60］史清华：《农户家庭经济资源利用效率及其配置方向比较》，《中国农村经济》，2000年第8期。

［61］宋洪远：《关于农村劳动力流动的政策问题分析》，《管理世界》，2002年第5期。

［62］孙晓明、刘晓昀、刘秀梅：《中国农村劳动力非农就业》，中国农业出版社，2005年版。

［63］童玉芬、朱延红、郑冬冬：《未来20年中国农村劳动力非农化转移的潜力和趋势分析》，《人口研究》，2011年第7期。

［64］王西玉、崔传义、赵阳：《打工与回乡：就业转变和农村发展——关于部分进程农民工回乡创业的研究》，《管理世界》，2003年第7期。

［65］王秀清、张琦：《农家经济中劳动配置的理论探析》，《经济研究》，1992年第3期。

［66］武力、李光田：《论建国初期的劳动力市场及国家的调控措施》，《中国经济史研究》，1994年第4期。

［67］谢康：《改革开放以来我国农村剩余劳动力转移的变迁》，《特区经济》，2005年第6期。

［68］姚洋：《土地、制度和农业发展》，北京大学出版社，2004年版。

［69］原国家农委办公厅：《农业集体化重要文件汇编》，中共中央党校出版社，1981年版。

［70］张保法：《经济增长中的结构效应》，《数量经济技术经济研究》，1997

年第 11 期。

[71] 张林秀、霍艾米、罗斯高、黄季焜:《经济波动中农户劳动力供给行为研究》,《农业经济问题》,2000 年第 5 期。

[72] 张毅、张颂颂:《中国乡镇企业简史》,中国农业出版社,2001 年版。

[73] 赵慧卿、周国富:《我国农业剩余劳动力转移影响因素分析——农户劳动时间分配决策过程》,《统计研究》,2006 年第 4 期。

[74] 赵耀辉:《中国农村劳动力流动及教育在其中的作用——以四川省为基础的研究》,《经济研究》,1997 年第 2 期。

[75] 钟甫宁、何军:《中国农村劳动力转移的压力究竟有多大》,《农业经济问题》,2004 年第 5 期。

[76] 周天勇:《托达罗模型的缺陷及其相反的政策含义》,《经济研究》,2001 年第 3 期。

[77] 朱金生:《FDI 与区域就业转移:一个新的分析框架》,《国际贸易问题》,2005 年第 6 期。

[78] 朱农:《离土还是离乡?——中国农村劳动力地域流动和职业流动的关系分析》,《世界经济文汇》,2004 年第 1 期。

[79] 朱农:《中国劳动力流动与"三农"问题》,武汉大学出版社,2005 年版。

附录　主要数据表格

一、分组标志

	代码	数值
1. 省码	SM	
2. 村码	CM	
3. 组码	ZM	
4. 户码	HM	

二、家庭成员的构成及就业情况

1. 与户主关系	1. 户主；2. 配偶；3. 子女或其配偶；4. 孙子女或其配偶；5. 父母；6. 祖父母；7. 兄弟姐妹；8. 其他
2. 性别	1. 男；2. 女
3. 是否在校学生	1. 是；2. 否
4. 是否有专业技术职称	1. 是；2. 否
5. 是否受过非农职业教育	1. 是；2. 否
6. 是否受过非农职业培训	1. 是；2. 否。
7. 自我认定的健康状况	1. 优；2. 良；3. 中；4. 差；5. 丧失劳动能力
8. 职业	1. 家庭经营农业劳动者；2. 家庭经营非农业劳动者；3. 受雇劳动者；4. 个体合伙工商劳动经营者；5. 私营企业经营者；6. 乡村及国家干部；7. 教育科技医疗卫生和文化艺术工作者；8. 其他

续表

9. 从事主要行业	1. 农林牧渔业；2. 采矿业；3. 制造业；4. 电力、燃气及水的生产和供应业；5. 建筑业；6. 交通运输、仓储和邮政业；7. 批发和零售业；8. 住宿和餐饮业；9. 租赁和商务服务业；10. 居民服务和其他服务业；11. 其他
本乡镇内从事农业劳动时间（日）	
本乡镇内从事非农业劳动时间（日）	
外出从业时间（日）	
外出从业收入（元）	
外出从业支出（元）	
10. 在外工作地点	1. 乡镇外县内；2. 县外省内；3. 外省；4. 境外

三、家庭生产经营情况

1. 家庭年初经营耕地面积_____亩，年末经营耕地面积_____亩。

2. 年末家庭拥有生产性固定资产原值_____元。

3. 家庭全年总收入_____元；家庭经营收入_____元；外出打工收入_____元。

4. 家庭全年总支出_____元；生活消费支出_____元，其中，医疗费_____元，学杂费_____元。

5. 家庭拥有耐用消费品_____万元（摩托车等）。

四、所在村状况

1. 距最近公路的距离_____千米。

2. 所处地理位置_____（平原、丘陵、山区）。

3. 所在村企业数量_____个。

4. 是否为乡镇所在地_____（1. 是；0. 否），是否为城镇郊区_____（1. 是；0. 否）。

后 记

本书是在我的博士论文基础上的完善和提升。在原有研究框架的基础上，用了两年多时间，进行了数据更新、内容完善、案例补充等工作。

农村劳动力转移就业是经济社会转型中重要的社会现象，选择这一问题进行研究具有长远的战略意义。就业是民生的重要保障，农民的就业关系着农村社会和谐稳定和农民福祉。改革开放以来，农村劳动力的转移就业是我国经济社会发展中重要的社会现象，我国农民工总量达到 2.77 亿人，是一个庞大的社会群体。农村劳动力就地就近转移是其中一个重要组成部分，在转移进程中存在合理性和必然性。尤其是全球金融危机冲击后，我国经济迅速转型升级，部分企业面临转产或停产，就地就近转移成为失业返乡农民工的缓冲和农民就业的稳定器。近年来，随着"大众创业、万众创新"战略的提出，以及农业、农村发生的积极变化，给农村劳动力就地就近转移和返乡就业、创业提供了更广阔的空间。因工作机缘，我到四川省调研了农民工返乡就业、创业的情况，利用大学生寒假返乡收集了农民工相关问卷，对本书的相关内容进行了充实，从全新的角度审视我国农村劳动力就地就近转移问题。

本书能够顺利出版，首先，感谢我的母校中国农业大学经济管理学院，导师们严谨治学、科学求实的作风让我终生受用。其次，感谢我的工作单位农业部农村经济研究中心，感谢中心对我的关心和培养，为我创造了良好的研究平台和环境，感谢全国农村固定观察点的数据支持，感谢陈洁副主任对本书出版的鼓励和支持。最后，感谢经济管理出版社的老师们，是他们的努力让我最终完成了书稿的出版。

饮水思源、心存感恩，这些感激之情将转化为我研究"三农"问题的强大动力，将进一步开拓思路、勤恳研究，以更多、更好的成果回馈社会，为"三农"事业发展做出应有贡献！